REINVENTAR A VIDA
narrativa e ressignificação na análise

Daniele John

REINVENTAR A VIDA
narrativa e ressignificação na análise

EDITORA
IDEIAS &
LETRAS

DIREÇÃO EDITORIAL:
Marlos Aurélio

CONSELHO EDITORIAL:
Avelino Grassi
Fábio E. R. Silva
Márcio Fabri dos Anjos
Mauro Vilela

CAPA:
Marco Mancen

COPIDESQUE:
Thiago Figueiredo Tacconi

REVISÃO:
Ana Rosa Barbosa

DIAGRAMAÇÃO:
Tatiana Alleoni Crivellari

3ª impressão

© Ideias & Letras, 2023.

EDITORA
IDEIAS &
LETRAS

Avenida São Gabriel, 495
Conjunto 42 - 4º andar
Jardim Paulista – São Paulo/SP
Cep: 01435-001
Televendas: 0800 777 6004
vendas@ideiaseletras.com.br
www.ideiaseletras.com.br

Dados Internacionais de Catalogação na Publicação (CIP)
(Câmara Brasileira do Livro, SP, Brasil)

Reinventar a vida: narrativa e ressignificação na análise /
Daniele John
São Paulo: Ideias & Letras, 2015.

Bibliografia.
ISBN 978-85-5580-001-6

1. História de vida 2. Narrativas escritas
3. Neurolinguística 4. Psicologia
5. Psicanálise 6. Psicanálise - Interpretação
I. Título.

15-09079   CDD-150.195

Índice para catálogo sistemático:
1. Psicanálise: Psicologia   150.195

Para Eduardo Salgado,
meu grande amor e maior incentivador.

Para Miguel e Nina,
gestados junto a este escrito, com quem não
paro de aprender sobre a arte de ressignificar a vida.

E aquela era a hora do mais tarde.
O céu vem abaixando. Narrei ao senhor.
No que narrei, o senhor talvez até ache mais do que eu,
a minha verdade. Fim que foi.

(João Guimarães Rosa,
Grande Sertão: Veredas)

Ser o que se pode é a felicidade.
(Valter Hugo Mãe,
O filho de mil homens)

SUMÁRIO

PREFÁCIO — 13

INTRODUÇÃO — 17

1. TEMPORALIDADE PSICANALÍTICA — 23
   1.1 O tempo — 23
   1.2 O tempo em Freud — 27
   1.3 Atemporalidade e arqueologia — 28
   1.4 A noção de *Nachträglichkeit* — 32
   1.5 A teoria da sedução e o tempo do trauma — 34
   1.6 Tempo não linear — 40

2. HERANÇAS — 43
   2.1 Tralha e relíquia — 43
   2.2 Pacote — 46
   2.3 Herança e apropriação — 47
   2.4 Herdar um nome — 48
   2.5 O "não resolvido" da geração anterior — 50
   2.6 Ressignificar, nomear e elaborar — 55

3. UM SABER QUE SE ATRASA — 61
   3.1 Saber não saber — 61
   3.2 Sou onde não penso e ali está a minha verdade — 66
   3.3 Enunciado e enunciação — 69
   3.4 O ato analítico — 73
   3.5 Posição do analista — 74

4. O AUTOBIOGRÁFICO, A NARRATIVA E A ANÁLISE — 83
4.1 Quem conta um conto aumenta um ponto — 83
4.2 A Modernidade e a construção autobiográfica — 86
4.3 O "*approach* narrativo" — 90
4.4 A questão da coerência — 92
4.5 Quem escuta o enredo se enreda — 98
4.6 O imaginário conta — 99
4.7 Não se trata de obter informações — 104
4.8 O analista passa a fazer parte do enredo — 104
4.9 Na vizinhança do irredutível — 107

5. O PERCURSO DA ANÁLISE E SEUS EFEITOS — 111
5.1 De que narrativa se trata, afinal? — 111
5.2 Do romance ao conto — 113
5.3 O enigma sobre a origem e a ficção — 116
5.4 A constituição do sujeito e o fantasma fundamental — 119
5.5 A função materna e os pais suficientemente narrativos — 122
5.6 Clarissa, para quem faltavam as palavras — 125
5.7 O soldado calado, o velho e o viajante: transmissão da experiência em Walter Benjamin — 129
5.8 Morte, transmissão e castração — 132
5.9 Outra narrativa, outra posição subjetiva — 134
5.10 A análise como experiência — 137

CONSIDERAÇÕES FINAIS — 145

REFERÊNCIAS — 153

PREFÁCIO

A psicanálise não cabe nos relógios

Lembremo-nos de que, quando Peter Pan pede a Wendy que volte com ele para a Terra do Nunca, a razão que fornece é que ela poderia ensinar os Meninos Perdidos de lá a contarem histórias. Se soubessem contá-las, os Meninos Perdidos poderiam crescer.[1]

O psicanalista é um sujeito à eterna procura do sentido de sua prática. Ele sabe o que viveu em sua própria análise, é grato à experiência que mudou sua vida e dedica-se a reproduzi-la, de tal modo que ela se renova na companhia de cada paciente.

Neste livro, o percurso teórico tecido de casos feitos por Daniele John, leva-nos para perto dessa viagem ímpar que é cada análise. Como psicanalista, ela persistirá em tentar demonstrar como contar muda a própria história.

A peculiaridade da psicanálise como experiência é o fato de tratar-se de um percurso narrativo acompanhado. O psicanalista não é como o leitor, interlocutor imaginário dos escritores, que pode ser modelado ao sabor do artista, ele tem voz, escreve junto, pontua, cria novos sentidos para velhas palavras. Aquele que escuta atrás do divã tampouco é um grilo falante, a lembrar da ponderação e equilíbrio

---

1 GEERTZ, Clifford. *Nova luz sobre a antropologia*. Rio de Janeiro: Jorge Zahar Editor, 2001, p. 171. A epígrafe que o autor faz é do educador J. Bruner, retirada do livro *The culture of education*.

necessários, nem se portará como um líder político ou religioso a aconselhar caminhos e escolhas. Sequer se divide entre os tradicionais diabinho e anjinho, que situados ao pé do ouvido dos personagens de quadrinhos, procuram cada um aconselhar a seu modo uma solução para o impasse. Os psicanalistas não são mais adequados ou sábios que os outros. Eles se parecem mais com os ajudantes mágicos dos contos de fadas: estes são seres ímpares, em geral feios ou fora do tom, como duendes e animais. Mesmo as fadas madrinhas, que são as que mais se parecem com gente, tendem a ser representadas como senhoras gordinhas, idosas ou algo cômicas. Tais criaturas são visivelmente seres estranhos à trama, são apenas parte do caminho, nunca ponto de partida ou chegada. Elas aparecem quando alguém deseja muito uma solução para seus problemas. Elas podem ajudar, mas, para tanto, o herói ou a heroína terá que enunciar em alto e bom som a origem de seus impasses, onde quer chegar e o que deseja conquistar. Talvez a maior magia dessas personagens seja fazer o protagonista mentalizar e assumir sua determinação, o desejo que o anima à jornada.

O ajudante mágico apenas está ali para fazer a história seguir adiante. Daniele lembra que os pacientes costumam sonhar com seus analistas e também o fazem com os consultórios, como locação de suas aventuras noturnas. Na minha experiência, nesses sonhos em geral, o analista não se parece com o dito cujo, nem o local se assemelha ao cenário real das sessões, embora o paciente tenha certeza de que se trata dele ou dali. Isso ocorre porque o psicanalista passa a ser algo diferente do que uma personagem da trama do paciente: será cicerone, companheiro e facilitador do seu percurso. Quando é evocado nos sonhos é a forma de o paciente lembrar-se de que não está só nessa viagem, o que lhe restitui a coragem.

Ao longo da história que vai contando, "tudo o que o paciente diz torna-se parte da sua história", lembra a autora deste livro. Isso nos deixa num impasse: seria a vida que emerge das palavras do ocupante do divã uma trama inventada, sendo os fatos torcidos em proveito das necessidades do falante? Afinal, não aprendemos que a psicanálise se ocupa de fazer o parto das verdades, dos segredos, de tudo aquilo que a neurose e os severos vigias dos portais do inconsciente se empenham em manter oculto, guardado, invisível?

Daniele trava uma discussão com os teóricos que debatem se a psicanálise seria fonte de descobertas ou, o "oposto" disso, de invenções criativas. Não se trata de escolher entre verdades autênticas ou inventadas, o que seria uma falsa oposição. A autora prefere usar as coordenadas do tempo, ou melhor, a incoordenação do tempo para pensar esse impasse. Quando se trata do relato de uma vida feito ao longo de uma análise, ela seria uma narrativa que preserva "a irredutibilidade do passado, que saberia deixá-lo inacabado, assim como, igualmente, saberia respeitar a imprevisibilidade do presente", conforme Gagnebin (1994, p. 72). Nesse sentido, o psicanalista é um companheiro na viagem do tempo.

Embora se assemelhe, ele é diferente da Máquina do Tempo, inventada por H. G. Wells, que nos transporta de fato para a época desejada. O passado, sabemos, é indevassável. Mas a viagem analítica preserva algo das narrativas clássicas dos viajantes do tempo: a eles ocorria que visitar o pretérito torna-o um novo presente, transforma-o. Querendo ou não, nossa presença no que já foi muda o destino, escreve um novo futuro. Esses aventureiros da ficção chegaram à mesma conclusão que os antropólogos, que desistiram de tentar apagar sua presença na cultura que pesquisavam, passaram a tomar-se como uma variável a ser compreendida.

Daniele lembra que a própria análise é em si uma experiência, não é apenas um espaço para elaborar o que pertence ao mundo lá fora e ao que já aconteceu. Ela abriga narrativas que passam a fazer efeitos no enunciante, transforma impressões em marcas, cujo desenho traçamos ali, no divã, de tal forma que as podemos conferir e contar a respeito.

O escritor Jorge Luis Borges tornou-se um especialista em descrever cenários nos quais a realidade e a ficção revelam-se indissociáveis. É dele a charada: "Se um homem atravessasse o Paraíso em um sonho, e lhe dessem uma flor como prova de que havia estado ali, e se ao despertar encontrasse essa flor em sua mão. Então que?" (BORGES, 1980, p. 139). Ele lembra também do viajante do tempo de H. G. Wells que "volta com as têmporas grisalhas e uma flor murcha" nas mãos.

Essas personagens que ousaram visitar os territórios escorregadios do sonho e de outras eras trazem um enigma. Como entender o caráter do que se viveu ao encontrar, na flor ou nos cabelos grisalhos, uma espécie de *souvenir* desses caminhos percorridos? Estaria a realidade desses objetos, flor e cabelos, corrompendo o caráter indevassável do tempo, assim como o cenário imaginário e etéreo do sonho? Essas lembranças mencionadas por Borges seriam testemunha da *unidade profunda do verbo*, expressão dele que define o modo como compreende os dons da narrativa: ela profana todas as fronteiras, transforma em realidade tudo o que é imaginado e em fantasia tudo o que parece pertencer à concretude.

Ajudante mágico do viajante no tempo, o psicanalista procura transformar uma série de memórias esparsas, impressões, planos inconfessos e crenças a respeito de quem somos e ao que viemos em uma questão em aberto. A psicanálise trata do passado como se pudesse ser um presente a ser editado, um enigma indissolúvel, mas com o qual podemos dialogar para sempre. É, de certa forma uma esfinge que não cessa de nos interrogar, mas que se a mantivermos ocupada, em um diálogo interminável, não nos devorará.

Cada vida, lembra Daniele, é a construção da própria autobiografia, isso é o que dá sentido aos sujeitos contemporâneos que precisam inventar, um a um, sua razão para ser. Cada carta, foto, filho, casa, enfim, cada representante mnemônico do que vivemos é como a flor de Borges, um enigmático resto da viagem que, embora tão forte, sempre parece mentira, fantasia.

A morte, também frisa a autora, é o que precipita a construção dessa história. O fim empresta a urgência necessária para que saiamos dos prolegômenos rumo à jornada, ao encontro dos fatos de que somos traçados. Inevitavelmente temos começo e fim, o meio é a vida. Por sorte, Daniele alerta, citando Fernando Pessoa (1984, p. 387), "a vida é o que fazemos dela". E, poderíamos emendar: de como a contamos.

Diana Corso
Psicanalista e Membro da APPOA
(Associação Psicanalítica de Porto Alegre)

INTRODUÇÃO

Uma paciente fala sobre certas mudanças que observa em sua relação com a mãe. Esta sempre se colocara como uma *amiga*,[2] e a filha achava-se privilegiada por ter uma relação *tão legal* com a mãe. Sempre se sentira muito identificada com ela. Gostavam das mesmas coisas, ela era uma *parceira* com a qual podia *dividir tudo*. Eis que, ultimamente, justo essa postura da mãe vinha lhe produzindo desconforto. Ela agora percebia que ter uma *mãe-amiga* não lhe servia nas circunstâncias que a vida lhe apresentava naquele momento, que mais do que nunca precisava de uma *mãe-mãe*. Ao mesmo tempo, relatava que sua percepção em relação ao pai também estava sofrendo mudanças. Sempre o achara um pai ausente, não era bom pai porque não era um *pai-amigo*. Mas agora percebia que esse era um discurso da sua mãe. Aos poucos vinha se dando conta de que o pai se fizera presente em sua vida de uma outra forma. Havia lhe *transmitido valores*, estava sempre lá para ela, *não como amigo, mas como pai*, e isso era *muito mais importante*. Embora um tanto desapontada com a mãe, minha paciente acabava de ganhar um pai novinho.

---

2   Nas *vinhetas clínicas* apresentadas ao longo do livro, as falas literais dos pacientes aparecem em itálico.

O cotidiano da clínica está cheio de situações assim: relatos dos próprios pacientes, em momentos distintos de suas análises, de que algo está diferente, de que as coisas já não estão no mesmo lugar. Embora não tenha o poder de mudar os fatos, a experiência de análise produz mudanças claras na posição do sujeito diante de sua história, o que muitas vezes significa poder viver de um jeito bastante diferente. Quando alguém endereça a um analista um pedido de análise, quando supõe que este tem um saber sobre o que o faz sofrer, um espaço de fala e de escuta se inaugura. Entre os movimentos então deflagrados, ao falar de si, o sujeito em análise invariavelmente reconta sua história, abrindo caminho para ressignificá-la. O que acontece com ele e sua história a partir desse recontar? Que tipo de narrativa é essa, tecida em transferência, capaz de mudar a posição subjetiva de um sujeito? Que espécie de temporalidade opera quando estamos diante desses processos de ressignificação e em que medida tais processos estão atrelados aos efeitos produzidos por uma análise? Que diferença faz a experiência analítica em relação ao modo como um sujeito se conta? E que impacto tem essa experiência na vida cotidiana daqueles que a ela se lançam?

Se o trabalho de análise favorece as ressignificações, pretendemos discutir aqui o papel que tais processos têm como parte dos efeitos de uma análise. Em que medida as mudanças geradas a partir de um percurso de análise poderiam ser creditadas à possibilidade de construir novos sentidos para a vida? Quais seriam os limites da analogia literária que compara o processo analítico a um "reescrever" da própria história? Trataria-se, na análise, de criar uma nova versão para nossa autobiografia? Até que ponto o neurótico é mesmo autônomo em relação ao sentido que constrói para sua vida? E o que dizer dos pedaços de sua história que nem sequer se inscreveram no campo do sentido?

Inventar a vida cotidianamente é uma demanda da Modernidade. O sujeito moderno não conta mais com lugares definidos ofertados pelas sociedades tradicionais, que lhe indicavam um caminho fixo em relação a como deveria viver. Embora desfrute de uma liberdade muito maior, o sujeito moderno é obrigado a dar conta da ininterrupta e angustiante tarefa de construção de uma narrativa original e criativa sobre si mesmo. Como a experiência de análise participa dessa empreitada? Que efeitos tem para o neurótico o endereçamento dessa narrativa ao analista?

De uma forma mais geral, este livro pretende contribuir para se pensar por quais vias se dão os efeitos de uma análise. De forma mais particular, indaga, a partir da noção freudiana de *Nachträglichkeit*,[3] sobre os processos de ressignificação da história de vida instaurados pela escuta analítica, seu papel durante esse percurso, sua temporalidade peculiar e sua importância como parte dos movimentos deflagrados durante a experiência analítica. O material clínico aqui trazido aparece na forma de pequenas vinhetas, recortadas em função da temática em questão, sem pretender dar conta das especificidades de cada um dos casos.

Sabemos que diferentes processos de ressignificação da história de vida ocorrem com todas as pessoas cotidianamente, independentemente de estarem ou não em análise. Porque tal história não se resume aos fatos, já que a memória não é fidedigna, porque as experiências vividas ao longo do tempo modificam o lugar subjetivo que um sujeito ocupa, sua história está sempre *em construção*. Se a análise não é o único lugar no qual a vida é ressignificada, será que ela não seria um espaço privilegiado para esse tipo de movimento? Quais seriam os operadores do dispositivo analítico capazes de criar tal privilégio?

Lacan (1953/1954, p. 21) afirma, no Seminário 1, que a restituição da história do sujeito deve ser considerada como o principal objetivo de uma análise. Salienta, no entanto, que isso não significa colocar acento no passado: "A história não é o passado. A história é o passado na medida em que é historiado no presente – historiado no presente porque foi vivido no passado".

No senso comum, a psicanálise é tida como uma prática que trabalha com o passado. Não raro, encontramos pessoas que alegam não estarem interessadas em fazer análise porque estão mais preocupadas

---

3 Termo utilizado por Freud, geralmente traduzido por *a posteriori*, também nomeado por *aprés-coup*. A definição do termo será trabalhada no Capítulo 1.

com seu presente ou seu futuro. "Inútil remoer o passado", dizem elas. Algumas práticas terapêuticas inserem-se aí nessa mesma alegação,[4] afirmando diferenciarem-se da psicanálise justamente por focarem o trabalho no agora. Curiosa formulação essa de que seria possível pensar um sujeito feito só de presente!

Mas se não cabe dizer que a psicanálise trabalha com o passado, de que temporalidade se trata? Veremos no Capítulo 1 que a complexidade da temporalidade psicanalítica não cabe no tempo reversível dos relógios ou no tempo cronológico do desenvolvimento. Os processos de construir, reconstruir, desconstruir, ressignificar a vida em análise acontecem no ir e vir de um tempo que caminha em múltiplas direções. No Capítulo 2 ressaltaremos que tais processos envolvem a apropriação de um legado, um reposicionamento diante de uma herança, e não a pura invenção de uma história totalmente nova. No Capítulo 3 falaremos de como essa temporalidade complexa afeta também a forma como o analista trabalha. Sua intervenção não pode ser calculada, programada, mas emerge na situação analítica causando surpresa tanto para o analisando quanto para o analista. O ato analítico não pode ser premeditado e o analista só sabe sobre seus efeitos *a posteriori*.

Se a temporalidade em questão no processo analítico não é linear, tampouco é homogênea a narrativa ali tecida. Não se trata de criar uma narrativa mais coerente, como veremos no Capítulo 4. Nele, faremos uma crítica ao "*approach* narrativo" – movimento que entende a análise como um processo hermenêutico que possibilitaria ao sujeito reescrever sua história de forma mais congruente e melhor acabada do ponto de vista narrativo.

Por fim, o Capítulo 5 está dedicado a pensar sobre a especificidade da narrativa construída sobre o *si mesmo* a partir da experiência analítica. Veremos como tempo e narrativa se articulam de forma a tecer uma história feita de restos, de imagens, de buracos, de ficções. Ao psicanalista, interessam os detalhes aparentemente irrelevantes,

---

[4] Em artigo publicado no New York Times ("More and more favored psychotherapy lets bygones be bygones", de Alix Spiegel. 14 de fevereiro de 2006), alega-se que as terapias cognitivistas provaram cientificamente que rever o passado não é apenas desnecessário para a cura, mas pode ser contraproducente.

as frases soltas, as lembranças aos pedaços, os "enganos", as palavras esquecidas, qualquer coisa sobre o que se fala, bem como aquilo sobre o que se cala. Assim, a narrativa construída em análise não se reduziria aos moldes tradicionais de uma história homogênea com início, meio e fim, mas permitiria ao sujeito contar-se considerando os enigmas, a falta, a incompletude, o impossível de dizer. Ao endereçar a palavra ao analista, ao partilhar com ele sua experiência particular e única, ao testemunhar sobre sua condição de sujeito moderno, inventor solitário da própria história, o sujeito da análise pode finalmente desprender-se da ilusão neurótica de que sua vida cabe em um romance.[5]

---

5 Referência ao artigo de Maria Rita Kehl (2001a), "Minha vida daria um romance", trabalhado no Capítulo 4.

1. TEMPORALIDADE PSICANALÍTICA

1.1 O tempo

> *O tempo é um ponto de vista dos relógios.*
> (Mário Quintana)

Apesar da existência de todos os relógios do mundo, insistindo em demarcar com precisão a passagem do tempo, apontando para sua concretude, é de forma radicalmente subjetiva que o homem o sente. Aperfeiçoou-se na arte de esticá-lo, matá-lo, fazê-lo render, torná-lo eficiente, perdê-lo, ganhá-lo, desperdiçá-lo, otimizá-lo. O tempo lhe escapa, passa sempre rápido ou devagar demais, dificilmente condizendo com o que dizem os relógios.

As reflexões sobre o tempo sempre foram um tema caro à filosofia, à ciência e ao homem comum, bem como fonte inesgotável de inspiração para escritores e poetas. Decifrar seus enigmas tem sido uma tarefa instigante e infinita para o ser humano há milhares de anos. A simples separação do tempo em passado, presente e futuro, por exemplo, parece tão óbvia e fácil de aceitar, a princípio, mas assume complicações diversas quando a submetemos ao menor dos questionamentos. Se o passado é o que já passou e o futuro o que está por vir, então o presente é o que está acontecendo agora. Mas como apreender este "agora" se o tempo não para de passar? Já não é o "agora", do qual falo também passado, no momento em que acabo de falar? Já não me encontro no futuro em relação à primeira frase escrita neste texto? Estas perguntas são bastante antigas e já podem ser encontradas nas reflexões sobre o tempo de Santo Agostinho (397-398, p. 318):

> De que modo existem estes dois tempos – passado e futuro –, uma vez que o passado não mais existe e o futuro ainda não existe? E quanto ao presente, se permanecesse sempre presente e não se tornasse passado, não seria mais tempo, mas eternidade. Portanto, se o presente, para ser tempo, deve tornar-se passado, como poderemos dizer que existe, uma vez que a sua razão de ser é a mesma pela qual deixará de existir? Daí não podermos falar verdadeiramente da existência do tempo, senão enquanto tende a não existir.

Tomar o tempo como objeto de estudo imediatamente implica uma série de dificuldades que já começam por sua definição. O que é o tempo? A célebre colocação de Santo Agostinho (397-398) é de que, embora o tema seja-lhe *tão familiar, tão conhecido*, ele só o sabe se ninguém lhe perguntar. Se tem que responder a alguém, já não o sabe. Como explica Gondar (1996), qualquer definição do tempo seria um contrassenso, uma vez que definir é justamente dizer o que algo é a despeito de qualquer mudança, ou seja, afirmar o que permanece o mesmo, apesar da passagem do tempo. Passadas várias páginas nas quais discorre sobre o tempo, o impasse continua. Para Santo Agostinho (397-398, p. 328):

> Confesso-te, Senhor, que não sei ainda o que é o tempo, e, no entanto, sei que pronuncio estas palavras no tempo. Sei também que há muito estou falando do tempo, e que este "muito" não é outra coisa senão uma duração de tempo. Como posso saber isso, se ignoro o que seja o tempo? Será que não sei exprimir o que sei? Ai de mim, que nem ao menos sei o que ignoro!

Uma das consequências imediatas dessa situação paradoxal em relação à conceitualização do tempo é que terminamos utilizando um modelo espacial para tentar dar conta de representá-lo. Já apontava para isso o próprio Santo Agostinho (397-398, p. 324): "Todavia, o que medimos nós, senão o tempo tomado no espaço?". Apesar de não ser o único meio pelo qual fazemos esta espacialização do tempo, o relógio é talvez o exemplo mais claro disso. Ao reduzirmos o tempo a uma distância percorrida entre dois pontos, estamos também o tornando reversível (a distância entre um ponto A e um ponto B é a mesma que entre o ponto B e o ponto A). Medir o tempo pelo relógio não nos ajuda a diferenciar qualitativamente o antes e o depois. Ou seja, a dimensão qualitativa do tempo se perde com sua espacialização. No entanto, sabemos que a característica mais essencial do tempo é justamente sua passagem, sua irreversibilidade, o que significa que entre um antes e um depois algo se produz e/ou algo se perde, instaurando uma diferença qualitativa que impede sua reversão (GONDAR, 1996).

Quanto à filosofia clássica, ela tem como modelo a eternidade. Sua preocupação sempre foi a de poder falar do que permanece imutável, já que a verdade reside naquilo que continua igual ao longo do tempo. O mesmo se dá com a ciência. Em sua busca pelo conhecimento absoluto, o tempo coloca-se como obstáculo, uma vez que sua passagem implica mudanças. A ciência clássica busca leis que possam ser estabelecidas como eternas e que continuem verdadeiras apesar da passagem do tempo (GONDAR, 1996).

Este destaque dado ao presente como único tempo possível já aparece em Santo Agostinho (397-398). Se o passado não existe mais e o futuro ainda não chegou, ele conclui que, então, só o presente existe. No entanto, ao pensar sobre a duração do presente, este também se coloca como de difícil apreensão. Deduz-se que 100 anos poderiam ser considerados um presente longo, mas desses 100 anos, os que já transcorreram são passado, os que estão por vir são futuro, restando apenas o ano que vivemos agora como presente. Mas se o ano é feito de meses, os meses de dias, os dias de horas, as horas de momentos, então resta concluir que o presente mesmo não tem extensão, já que não há como conceber "um espaço de tempo que não seja suscetível de ser dividido em minúsculas partes de momentos" (AGOSTINHO, 397-398, p. 320). Mesmo depois de concluído isso, Santo Agostinho (397-398) insiste na ideia de que é do presente que se trata quando falamos de passado ou futuro, porque é no presente que o fazemos. De onde conclui-se que há, sim, três tempos, mas ele os chama de: *presente dos fatos passados, presente dos fatos presentes e presente dos fatos futuros*. "O presente do passado é a memória. O presente do presente é a visão. O presente do futuro é a espera" (p. 323).

Depois de percorrido este longo caminho, Santo Agostinho decide "repousar das perguntas dos homens" e estabilizar-se em Deus, que é seu molde. Ao comparar-se com Deus, diz que o Criador não conhece do mesmo "modo grosseiro o passado e o futuro" (AGOSTINHO, 397-308, p. 335), já que Ele é verdadeiramente eterno, enfim, está acima dessas questões tão humanas. Como coloca Gueller (2001), há uma hierarquia que situa a eternidade como superior, visão plena e absoluta, clarividência, enquanto a divisão entre passado, presente e futuro é defeituosa e deficitária, ou seja, é demasiadamente humana.

Para Figueiredo (2002), nossa herança cultural tende a atribuir uma presença plena e estável ao que *realmente é*. Ele ressalta que vários autores têm trabalhado no sentido de criticar o que Heidegger chamou de "metafísica da presença". A crença de que "houve ou haverá um perfeito 'agora' como residência privilegiada do *ser*" (FIGUEIREDO, 2002, p. 20) encontra expressão tanto nas buscas nostálgicas de uma origem perdida, como na ânsia por uma totalização ou completude. Uma das consequências da "metafísica da presença" seria "a concepção do tempo como linear, contínuo, unidirecional, recuperável e previsível".

Ao criticarem essa noção de presença plena e sem brechas, Heidegger, Levinas e Derrida reconhecem a heterogeneidade da *presença*, ou seja, o fato de que ela é feita de traços, vestígios, antecipações, fraturas e ausências.

1.2 O tempo em Freud

E como situar a psicanálise diante da questão do tempo? Embora Freud nunca tenha falado sobre o tema de forma sistemática, a psicanálise é atravessada pela temática do tempo em inúmeros aspectos. O assunto se faz presente quando a etiologia da neurose é situada na infância, no momento em que Freud postula a atemporalidade do inconsciente, quando lança mão do conceito de recalque, quando formula o conceito de compulsão à repetição ou propõe a noção de *Nachträglichkeit* (*a posteriori*) e do trauma – para citar apenas alguns destes pontos.

Mesmo que Freud tenha estado sempre imbuído de forte espírito científico e tenha se empenhado para dar à sua invenção esse tipo de *status*, em coerência com seus próprios postulados, o resultado de seu trabalho foi muito além do que era sua intenção consciente. Se, na busca da verdade absoluta, a ciência clássica toma o tempo como um obstáculo, uma ilusão; para Freud, o que é ilusório não é o tempo, mas a própria eternidade. Seu pensamento reafirma de forma contundente a finitude, tanto do homem como do saber. Assim, Freud não se enquadra no modelo de eternidade oferecido pela racionalidade clássica, em verdade, vai na direção oposta. Além disso, a problemática do tempo em Freud não pode obedecer aos mesmos princípios da física e da metafísica, já que para ele o que interessa não é a natureza do tempo em si, mas sua relação com o sujeito (GONDAR, 1994).

De modo geral, a psicanálise desafia o entendimento do tempo como linear e cronológico, tal como expresso pela "metafísica da presença". Vários autores estão de comum acordo ao afirmarem que a temporalidade encontrada em Freud é heterogênea e complexa, expressando um tempo multidirecional.[6] No entanto, isso nem sempre é tão

---

[6] André Green (2002) fala de um tempo *éclaté*, em inglês traduzido por *shattered*, isto é, um tempo espalhado, espedaçado, que vai em diversas direções.

óbvio em Freud. A complexidade de seu pensamento deixa inúmeras questões em aberto e espaço para leituras diversas. A seguir, faremos um recorte de algumas passagens freudianas importantes para se pensar sua concepção temporal, para que, então, possamos falar das implicações disso para a prática clínica e para a questão da ressignificação.

1.3 Atemporalidade e arqueologia

Uma das características especiais que Freud (1915) atribui ao sistema inconsciente é justamente sua falta de referência ao tempo. Ele afirma que os processos inconscientes não são ordenados temporalmente e não se alteram com a passagem do tempo.

Mas o que afinal isso significa? Que tipo de registro é esse que ignora a passagem do tempo? Estaria aí embutida uma ideia de tempo reversível, no sentido de que, se o recalcado permanece imutável, intacto, inalterado pelo tempo, poderia ser resgatado tal qual lá se apresenta? Ao postular a atemporalidade do inconsciente, estaria Freud aproximando-se do modelo de eternidade da filosofia clássica e, por consequência, inserindo-se na referida "metafísica da presença"? Antes de tentar encaminhar tais questões, prossigamos em nosso pequeno recorte. Destaquemos uma nota de rodapé que Freud (1901, p. 236) acrescenta à *Psicopatologia da vida cotidiana*, em 1907, que ficou conhecida por ser sua primeira menção explícita à atemporalidade do inconsciente:

> No caso dos traços mnêmicos recalcados, pode-se constatar que eles não sofrem nenhuma alteração, nem mesmo nos mais extensos períodos de tempo. O inconsciente é totalmente atemporal. O caráter mais importante e também mais estranho da fixação psíquica é que todas as impressões são preservadas, não só da mesma forma como foram originalmente recebidas, mas também em todas as formas que adotaram nos desenvolvimentos posteriores, o que constitui uma situação que não se pode ilustrar por nenhuma comparação retirada de outra esfera. Teoricamente, cada estado anterior do conteúdo da memória pode ser restituído à lembrança, mesmo que seus elementos tenham trocado há muito tempo todas as suas relações originárias por novas relações.

Aqui há algo diferente. Não se trata apenas de um registro que possibilita a permanência inalterada de seus processos apesar da passagem do tempo. Nesse trecho, Freud fala da possibilidade de registrar impressões não apenas na forma como foram originalmente recebidas, mas também nas formas que adquirem posteriormente. Caberia então perguntar: como pensar em *desenvolvimentos posteriores*, ou em *novas relações* senão "no" tempo ou "ao longo" do tempo?

No livro *Vestígios do tempo: paradoxos da atemporalidade no pensamento freudiano*, Adela Stoppel de Gueller (2005) trabalha as dificuldades encontradas por Freud em descrever a lógica do inconsciente e os limites que suas metáforas arqueológicas, escriturais e espaciais ou tópicas encontram para dar conta de seu postulado sobre a atemporalidade dos processos inconscientes. Segundo a autora, as metáforas freudianas revelam-se insuficientes justamente porque tentam espacializar um modelo que é basicamente temporal.

Embora Freud tenha afirmado que o tipo de preservação feita no inconsciente não se presta a ilustrações por "nenhuma comparação retirada de outra esfera" (FREUD, 1901, p. 236), ele mesmo, em ocasiões diversas, utilizou-se de metáforas arqueológicas para pensar os processos psíquicos, em especial o mecanismo do recalque. Tais quais as peças que colecionava em seu consultório haviam sido resgatadas depois de anos de preservação embaixo do solo, o mesmo aconteceria com os conteúdos recalcados. Ainda que inacessíveis ao consciente, encontrariam-se preservados no inconsciente. Que concepções de temporalidade estariam colocadas por tais metáforas?

Em *Delírios e sonhos na Gradiva de Jensen* (FREUD, 1907 [1909], p. 47) Freud diz que "não existe melhor analogia para o recalque[7] – que preserva e torna algo inacessível na mente – do que um sepultamento como o que vitimou Pompeia, e do qual a cidade só pôde ressurgir pelo trabalho das pás". Em *O mal-estar na civilização* (FREUD, 1930 [1029]) proporá o exercício de imaginar Roma como uma entidade psíquica, em que todas as fases anteriores de desenvolvimento continuam a existir, paralelamente à atual. Isso permitiria presentificar toda a sua

---

[7] O termo utilizado na Standard Edition é "repressão", mas utilizaremos a palavra recalque.

história de uma só vez, isto é, veríamos ali construções arquitetônicas de diferentes épocas históricas, sobrepostas umas às outras. Mas, lembrando a lei da física de que dois corpos não podem ocupar o mesmo lugar ao mesmo tempo, Freud apontará para a dificuldade de representar em termos pictóricos as características da vida mental. Apesar de não ser fisicamente possível, a capacidade de preservar os inúmeros períodos históricos de um sujeito seria um fenômeno típico do mundo psíquico. Já mais para o final de sua obra, em *Construções em análise* (1937, p. 293), Freud fará uma longa comparação entre o trabalho do analista e do arqueólogo, apontando suas semelhanças e diferenças:

> Os dois processos são de fato idênticos, exceto pelo fato de que o analista trabalha em melhores condições e tem mais material à sua disposição para ajudá-lo, já que aquilo com que está tratando não é algo destruído, mas algo que ainda está vivo. [...] Porém, assim como o arqueólogo ergue as paredes do prédio a partir dos alicerces que permaneceram de pé, determina o número e a posição das colunas pelas depressões no chão e reconstrói as decorações e as pinturas murais a partir dos restos encontrados nos escombros, assim também o analista procede quando extrai suas inferências a partir dos fragmentos de lembranças, das associações e do comportamento do sujeito da análise. Ambos possuem direito indiscutido a reconstruir por meio da suplementação e da combinação dos restos que sobreviveram.

Além da vantagem de encontrar seu material preservado, o analista contaria ainda com as repetições de reações infantis que o sujeito da análise está fadado a fazer na relação transferencial, para as quais não há equivalentes na arqueologia.

No mesmo texto de 1937, Freud falará novamente de Pompeia, colocando a cidade em um lugar de exceção em relação a comum destruição dos objetos arqueológicos. A instantaneidade do sepultamento teria garantido sua preservação. No entanto, em mais uma referência ao exemplo da cidade petrificada, dirá Freud ao Homem dos Ratos (1909, p. 180) que "a destruição de Pompeia só estava começando agora que ela fora desenterrada". Ou seja, se em alguns momentos Freud utiliza-se das analogias arqueológicas justamente para salientar a conservação integral dos conteúdos recalcados; em outros, ele também admite que o próprio processo de escavação, de exumação, implica sempre algum grau de destruição. Como coloca Gueller (2005, p. 80), "o enxadão não penetra na lava sem causar estragos, assim como o traço se cobre desta outra lava quando tocado pela palavra".

O que estaria em jogo, então, no retorno do recalcado? Se a exumação implica destruição, já não é mais possível pensar em um resgate de processos inconscientes inalterados. Trata-se aqui da impossibilidade de tornar a lembrança inconsciente consciente, uma vez que ao chegar ao consciente, ela já é outra coisa. Assim, o exemplo de Pompeia, destruída no momento de sua descoberta, equivaleria ao que acontece com o traço mnêmico ao ser tocado pela palavra.

> Em ambos os casos trata-se de restos não completáveis, não re-integráveis, salvo por construção. Novamente, encontramos aqui este par indissociável da construção e da destruição. Não há construção sem que algo fique destruído, assim como é na destruição que se faz a construção. (GUELLER, 2005, p. 80)

Assim, o que temos é um processo transformador, que implica uma mudança de estatuto, o que aponta, mais uma vez, para a irreversibilidade do tempo. Como não se trata de um presente coincidente consigo mesmo, de recuperação completa de uma lembrança inconsciente, o pensamento freudiano iria na contramão do que chamamos antes de *metafísica da presença*.

Por um lado, as metáforas arqueológicas muitas vezes acabaram servindo para pensar uma psicanálise preocupada em resgatar lembranças intactas, uma clínica do levantamento do recalque, que vê a neurose como uma doença da memória (LAPLANCHE, 1999a), na qual o simples ato de lembrar poderia trazer a cura – uma clínica que se insere em um modelo de tempo reversível –, ou ainda, como coloca Gueller (2005), o mito de uma psicanálise das profundezas, do oculto, do enterrado que precisa ser trazido à luz, da busca de um passado que precisa ser resgatado. Por outro lado, o fato de que tais metáforas não dão conta do fenômeno psíquico que Freud pretende descrever, os paradoxos que essas tentativas revelam, indicam já um caminho para se pensar uma psicanálise de temporalidades heterogêneas.

Os exemplos de Pompeia e Roma seriam complementares na tentativa de ilustrar o funcionamento psíquico. Para Gueller (2005, p. 86-87):

> Roma nos apresenta um tempo de acúmulo, de continuidade, de duração, de sobrecarga. Pompeia, o tempo da captura, do corte, do instante, da unicidade mais totalizante. O sonho de Freud é encontrar um modelo que dê conta de Roma e Pompeia juntas, pois o aparelho psíquico é as duas em uma. Os traços mnêmicos estão todos sempre ali, porém sua ascensão à superfície é seletiva. Todas as virtualidades são registradas, mas as atualizações na consciência são feitas pontualmente. O inconsciente, o recalcado, fica representado ou bem pela ficção fantástica de Roma ou bem por Pompeia sob as lavas do vulcão, e, num caso como no outro, como aquilo que nunca se dá como presença plena.

Como vemos, as metáforas arqueológicas das quais Freud faz uso para tentar descrever os fenômenos psíquicos são paradoxais. Elas confirmam a complexidade da temporalidade psicanalítica, que não se enquadra em uma concepção de tempo reversível, como também não pode ser definida como "puro presente". A partir da constatação freudiana de que a "recuperação" do que foi "guardado" como recalcado implica alguma perda, alguma transformação, podemos pensar que a construção/reconstrução que um sujeito faz de sua própria história envolve também sempre, ao mesmo tempo, destruição. Nesse sentido, os processos de construção/reconstrução da própria história – que incluem o que estamos chamando de processos de ressignificação – colocam-se, ao mesmo tempo, como processos desconstrutivos. Porge (1993) aponta que a afirmação freudiana de que os processos inconscientes são intemporais foi fonte de muitos mal-entendidos. Ele afirma que o desmentido mais explícito de tal enunciado é fornecido pelo próprio Freud em sua noção de *só-depois* (*Nachträglichkeit*).

1.4 A noção de *Nachträglichkeit*

O termo freudiano *Nachträglichkeit* é fundamental na discussão sobre a temporalidade psicanalítica. Esta ideia é de interesse especial para este livro, uma vez que ela está no cerne da dinâmica envolvida nos processos de ressignificação da história de vida. A proposta aqui é acompanhar como essa noção aparece em Freud, bem como seus desdobramentos pós-freudianos.

Embora Freud nunca tenha formulado uma definição precisa, ou uma teoria geral para a noção de *Nachträglichkeit*, ela foi adquirindo, aos poucos, um *status* mais conceitual dentro da psicanálise, principalmente depois de ter sua importância ressaltada por Lacan e a escola francesa.

Seja em sua forma adjetiva (*nachträglich*) ou substantiva (*Nachträglichkeit*), o termo - que em português é geralmente traduzido por *a posteriori* - tem hoje um largo uso dentro da psicanálise, o que muitas vezes contribui para uma certa perda de sua especificidade conceitual. Parte da confusão existente em torno do termo deve-se à questão da tradução.[8] Enquanto Freud fazia o uso de um termo apenas (mesmo que desdobrado nas formas adjetiva e substantiva), em inglês, por exemplo, temos o emprego de diversas palavras, dependendo do contexto em que se encontrava o termo original. Outra parte do problema se deve a *nuances* relativas às diferenças entre as várias escolas da psicanálise, e a interpretação e o lugar que cada uma delas dá a essa noção.

Em um primeiro momento, tal como aparece na teoria da sedução, o sentido do termo em Freud é bastante pontual. Está referido a um acontecimento orgânico, qual seja, um amadurecimento sexual que permite o acesso a sensações corporais antes negadas ao sujeito em função de sua imaturidade biológica. No entanto, o uso do termo hoje, principalmente dentro da linha francesa da psicanálise, foi adquirindo um caráter bem mais amplo. Esse inclui uma ideia de processo e elaboração que garantem ao sujeito novos níveis de compreensão de certos acontecimentos de sua vida. Se analisarmos a definição, veremos como ela se distancia do uso mais restrito que o termo tinha dentro da teoria freudiana da sedução. Isso fica claro na definição de Roudinesco e Plon (1998, p. 32), em seu dicionário:

---

8   Para mais informações sobre este tema, ver: LAPLANCHE, J. Notes on afterwardness. *In*: LAPLANCHE, J. *Essays on otherness.* 1999b. Ver também, nota de rodapé 9.

> Palavra introduzida por Freud em 1896, para designar um processo de reorganização ou reinscrição pelo qual os acontecimentos traumáticos adquirem significação para o sujeito apenas num *a posteriori*, isto é, num contexto histórico e subjetivo posterior, que lhes confere uma nova significação. Esse termo resume o conjunto da concepção freudiana da temporalidade, segundo a qual o sujeito constitui seu passado, reconstruindo-o em função de um futuro ou de um projeto.

Para que fique mais claro o caminho traçado até que se chegasse a uma definição como essa – mais interessante para o mapeamento do que estamos propondo como processos de ressignificação da história de vida –, vamos primeiro retomar a origem do termo em Freud.

1.5 A teoria da sedução e o tempo do trauma

A primeira hipótese sobre a etiologia da histeria, a assim chamada teoria da sedução, dá ao trauma um papel central. Caracterizado por sua intensidade, o trauma é uma experiência excessiva e intolerável, frente a qual o sujeito é incapaz de reagir adequadamente. Impossibilitado de integrar tal experiência à sua personalidade consciente, resta-lhe o recurso do recalque. Nos primeiros tempos da psicanálise, o trauma está geralmente referido a uma experiência sexual passiva e precoce – daí o uso da palavra "sedução" –, ou seja, uma situação na qual uma criança é submetida a algum tipo de coerção sexual por um adulto ou por alguém mais velho que ela.

Com a teoria da sedução surge um aspecto importante no que diz respeito à temporalidade, qual seja, a necessidade da existência de dois tempos distintos para que o trauma se efetive. Ao postular que o trauma não acontece no momento da sedução propriamente, mas é desencadeado por um evento posterior – relacionado ao primeiro por um vínculo associativo –, Freud estabelece a necessidade de uma segunda cena para que a situação experienciada adquira seu efeito traumático. Ou seja, o trauma só ganharia tal *status* em um segundo momento.

Esta ideia aparece muito cedo em Freud (1950 [1895]) e já encontramos importante parte de sua formulação no *Projeto para uma psicologia científica*. Ali, Freud (1950 [1895]) trará o caso de Emma, uma moça que sofre de uma estranha impossibilidade: não consegue entrar em lojas sozinha. Em associação com seu sintoma ela traz uma lembrança de seus 12 anos, quando entrou em uma loja e saiu correndo ao perceber que os dois vendedores riam de sua roupa. Não satisfeito com esta explicação, que julga insuficiente para justificar o sintoma de Emma, Freud (1950 [1895]) continua sua investigação. Emma termina lembrando de uma outra cena, essa ocorrida quando ela contava com apenas oito anos de idade: ela entra em uma confeitaria para comprar doces, quando tem suas partes genitais agarradas, por cima da roupa, pelo homem que a atende.

A cena traumática, a primeira a acontecer do ponto de vista cronológico, não teria surtido nenhum efeito no momento mesmo em que ocorreu. É apenas anos mais tarde, ao vivenciar uma outra cena, que a primeira adquire o caráter de traumática. Isso se daria essencialmente porque na época da primeira cena, Emma, ainda criança, não era sexualmente desenvolvida. É só quando vivencia uma experiência que traz vínculos associativos com a primeira cena (loja, roupas) e já de porte de uma maturidade sexual, que o primeiro episódio se torna traumático.

Freud (1950 [1895], p. 478) afirma que são as mudanças trazidas pela puberdade que permitem que Emma tenha acesso ao conteúdo sexual da primeira cena, que na época não lhe causou nenhuma impressão.

> Ora, esse caso é típico do recalcamento na histeria. Constatamos invariavelmente que se recalcam lembranças que só se tornaram traumáticas por ação retardada.[9] A causa desse estado de coisas é o retardamento da puberdade em comparação com o resto do desenvolvimento do indivíduo.

Freud (1893-1895) dará um exemplo similar no caso de Katharina, em *Estudos sobre histeria*. Ele volta ao tema no texto "*Observações adicionais sobre as neuropsicoses de defesa*, em que diz que as investidas sexuais contra crianças pequenas tendem a não causar nenhum efeito, por acontecerem com "pessoas não desenvolvidas sexualmente" (FREUD,

---

9 Na língua inglesa, os termos alemães *Nachträglichkeit* e *nachträglich* tiveram traduções variadas, entre elas a expressão *deferred action*, que equivaleria à expressão aqui utilizada em português.

1896, p. 155). Diz ainda: "Não são as experiências em si que agem de modo traumático, mas antes sua revivescência como *lembrança* depois que o sujeito ingressa na maturidade sexual" (p. 156). Enfim, o trauma se dá como um efeito *a posteriori*. É como se do desenrolar da primeira cena algo ficasse depositado no sujeito, à espera de uma segunda cena que venha a desencadear o potencial traumático da primeira. Aqui já temos os indícios de uma temporalidade que não caminha apenas em uma única direção.

Como vemos, até este momento da obra freudiana, o mecanismo em jogo nos dois tempos do trauma está estritamente vinculado à maturidade orgânica adquirida na puberdade, quando o acesso do sujeito à sexualidade torna possível a ele assimilar um evento sexual que antes não tinha lhe gerado nenhum efeito. Isso significa que estamos falando de um Freud anterior à descoberta da sexualidade infantil. Nesta época, qualquer manifestação sexual por parte de uma criança só poderia ser explicada pela interferência inadequada de um adulto, que tornaria o "inocente" prematuramente excitável. Ou seja, qualquer expressão da sexualidade infantil era entendida como patológica.

Mas, então, como ficaria a fundamentação da lógica temporal que acabara de apresentar sobre o trauma, depois da importante constatação de que as crianças não eram "inocentes" de desejos sexuais? Como é que Freud lida com a noção de *Nachträglichkeit* depois de postular a existência da sexualidade infantil?

Pode-se dizer que a noção de *Nachträglichkeit* não perde sua força com a descoberta da sexualidade infantil. Freud continuará fazendo uso dessa expressão ao longo de sua obra. O caso do Homem dos Lobos é talvez o melhor exemplo disso. Ali vemos o mecanismo de *Nachträglichkeit* ocorrendo ainda na tenra infância, quando Freud (1918 [1914]) cogita que seu paciente estaria ressignificando,[10] aos quatro anos, uma cena que teria ocorrido quando ele tinha apenas um ano e meio. Em uma nota de rodapé, Freud (1918 [1914], p. 55) fala da compreensão da cena primária que é feita em um momento *a posteriori*:

---

10 O uso do termo é meu e não de Freud.

> Quero dizer que ele o compreendeu na época do sonho, quando tinha quatro anos, e não na época da observação. Recebeu as impressões quando tinha um ano e meio; sua compreensão dessas impressões foi protelada, mas se tornou possível na época do sonho devido ao seu desenvolvimento, às suas excitações e pesquisas sexuais.

Freud (1918 [1914]) também ressalta que o homem que ali lhe fala tem mais de 25 anos e a forma como conta sua história infantil inclui palavras que ele jamais poderia ter usado na época em que ela realmente ocorreu. Aí temos a brecha para pensar o fenômeno de *Nachträglichkeit* de uma forma mais abrangente, ou seja, ele não precisa estar necessariamente vinculado a episódios pontuais, traumáticos, mas pode ser compreendido como um mecanismo que envolve novos entendimentos da história de vida do sujeito como um todo. Como ele coloca no início do caso, ao apontar as diferenças entre tratar diretamente uma criança, ou acessar sua infância pelo discurso do adulto:

> [...] mas é preciso que levemos em conta a distorção e a reelaboração às quais o passado de uma pessoa está sujeito, quando visto na perspectiva de um período posterior. (FREUD, 1918 [1914], p. 21)

Esta forma mais abrangente de entender a noção de *Nachträglichkeit* aproxima-se mais da forma como autores contemporâneos têm feito uso do termo. O fenômeno do *Nachträglichkeit* é associado à obtenção de novos níveis de entendimento, de compreensão, de revisão de sentido, de elaboração, enquanto sua formulação inicial estava ligada simplesmente a uma maturidade orgânica que dava acesso a sensações corporais antes impossíveis de serem sentidas e, por consequência, a um outro grau de compreensão da cena traumática.

É justamente este uso mais abrangente do termo que possibilita pensar que ao construir/reconstruir/desconstruir sua história de vida em análise o paciente invariavelmente também a ressignifica. Ao longo do tempo, um sujeito ocupa diferentes posições em relação a sua história, tem acesso a novos níveis de compreensão que vão dando a ele outros recursos para poder *contar-se*. Ao pensarmos um sujeito sempre em movimento, marcado pela passagem do tempo, referido a todas as *outras cenas* que constituem sua vivência, nos deparamos com uma história que está em constante processo de construção/reconstrução/desconstrução/ressignificação.

Cabe ainda ressaltar que a teoria do trauma sofreu importantes alterações ao longo da obra freudiana. A famosa carta a Fliess, de 1897, na qual Freud confessa "não acreditar mais na sua neurótica", é o testemunho de uma virada em suas primeiras hipóteses sobre as causas da histeria. O que ficou conhecido como o abandono da *teoria da sedução* inaugura uma maior consideração dada ao papel da fantasia no mundo psíquico e, consequentemente, abre o questionamento em relação às dificuldades de acesso à história de vida do paciente "tal como ela realmente aconteceu".

O conceito "realidade psíquica" surge como solução para o impasse criado em torno da disputa entre verdade e fantasia. Na mesma carta referida, Freud esclarece o que está no cerne desta formulação: "Não há indicações de realidade no inconsciente, de modo que não se pode distinguir entre a verdade e a ficção que foram catexizadas pelo afeto" (MASSON, 1986, p. 266). Ou seja, Freud desloca o infrutífero debate sobre a busca de uma diferenciação entre fantasia e realidade para um ponto bem mais interessante. O que é dito em análise deve sempre ser escutado como a verdade daquele sujeito, como *realidade psíquica*. Se o efeito de uma fantasia no mundo psíquico é o mesmo daquele causado por um fato real, não caberia ao analista confrontar o paciente, conferir na vida real se aquilo aconteceu mesmo assim,[11] mas escutar sua fala como verdade psíquica. Além disso, a memória está sujeita aos mesmos mecanismos de distorção (condensação e deslocamento) encontrados no trabalho do sonho. Até mesmo aquilo que se apresenta como uma lembrança vívida e detalhada pode não ser mais que uma *lembrança encobridora* (FREUD, 1899). Portanto, não se trata, em uma análise, de uma reconstrução factual da própria história. É preciso considerar que há sempre algo de ficcional na narrativa que o sujeito constrói sobre si mesmo e que é de ficção que se faz sua verdade.

---

11 Este tema é retomado no Capítulo 3. Ver o item "Enunciado e enunciação".

É dentro desse contexto que propomos pensar a análise como um espaço que permite ao sujeito, a partir de uma relação transferencial, um *contar/recontar* de sua própria história que favorece os processos de ressignificação. É importante ressaltar, no entanto, que falar em ressignificação da história de vida não é o mesmo que falar na montagem de uma versão mais "adequada" da própria vida,[12] mas em um *contar-se/recontar-se* que leve em consideração a impossibilidade de narrar uma história linear, a heterogeneidade do tempo implicado, as ficções envolvidas, as rachaduras, as incongruências e tudo o que ficou sem registro.

Nesse sentido, podemos pensar o trauma como o que ficou fora do tempo, não na condição de eterno, de puro presente, mas na condição do que não pode "a-presentar-se", justamente porque sequer está. O trauma como o irrepresentável remete ao que não pode ser dito, mesmo que seus efeitos se façam sentir pelo analisando e pelo analista a todo o momento.

A *não representação* corresponderia a um estado psíquico que, pela ausência da qualidade "representação", assim como da qualidade "sensorial", só pode ser descrita mediante uma terminologia negativa. Mas é preciso compreender que este "negativo" não a define em absoluto. A *não representação* é vivida pelo eu como um excesso de excitação; e se o psiquismo não consegue uma vivência de inteligibilidade acessível ao sistema de representações por meio de uma transformação, o eu a viverá como traumática (BOTELLA, 2003, p. 160).[13]

Se uma análise trabalha na direção de poder trazer para o campo do simbólico algo do real, ela também precisa lidar com o fato de que sempre haverá restos que não são simbolizáveis, mesmo na posterioridade. Por mais que se fale, nem tudo pode ser trazido para o campo do sentido. Daí a importância de reconhecermos também os limites dos processos de ressignificação. Se estamos propondo pensar a ressignificação como um aspecto importante dos efeitos de uma análise, o que se coloca como resto, como impossível de ser dito, como o real que

---

12 Este tema será desenvolvido no Capítulo 4.
13 Tradução minha.

insiste em não se inscrever, faz-se presente na história do sujeito tanto quanto as ressignificações que ele pode fazer ao longo do percurso de análise (ou simplesmente ao longo da vida).

> Ora, tudo é passível de representação, mas não há objeto ou fragmento do real que se deixe representar todo. Toda representação evoca não só a ausência da coisa, mas também a distância que a separa da coisa; toda representação contém seu traço de saudade e seu resto de silêncio – de algo que já não está, de algo que nunca se entregou inteiro à simbolização. (KEHL, 2000, p. 140)

1.6 Tempo não linear

É normalmente em torno de referências à noção de *Nachträglichkeit* que giram os comentários sobre uma temporalidade psicanalítica não linear. No entanto, nem todos os autores parecem concordar que essa especificidade temporal já se encontre na época da teoria da sedução. Em artigo sobre o tema, Laplanche (1999b) distingue pelo menos três sentidos diferentes para o termo em Freud. O primeiro equivaleria simplesmente a um "mais tarde" ou "depois", que Strachey normalmente traduziu por "subsequentemente". O segundo seria o encontrado na teoria da sedução e seguiria a direção do tempo do passado para o futuro. Somente um terceiro uso – que Laplanche (1999b) alega ser raro em Freud – é que inverteria o sentido do tempo do futuro para o passado, trazendo à tona a ideia de retroatividade. Ou seja, Laplanche (1999b) alega que o uso do termo no contexto da teoria da sedução não traria nenhum aspecto especial em relação ao tempo, mas seguiria o caminho do tempo cronológico e seria essencialmente determinista, no sentido de que o que ocorreu no passado determinaria o que virá depois.

Por sua vez, Gondar (1994) sugere que o Freud da teoria da sedução já traria elementos para se pensar um tempo não linear. A autora alerta que a ideia da existência de dois tempos no trauma aparece ainda em Charcot. O mestre francês havia postulado que entre a situação traumática e o aparecimento do sintoma havia sempre um lapso de tempo, algo que ele chamou – sem dar muitas explicações a respeito

– de "período de elaboração". Segundo Gondar (1994), Freud partirá dessa ideia inicial, mas fazendo algumas mudanças importantes. Além de introduzir a dimensão sexual ao trauma, trará uma lógica temporal mais complexa que a de seu mestre – esta última ainda muito presa a um tempo cronológico, no qual o hiato temporal diz respeito a um simples atraso no aparecimento do sintoma. Em Charcot, "o lapso temporal é de espera, mas não de produção" (GONDAR, 1994, p. 51); caberá a Freud pensar o que se passava durante tal lapso. Gondar (1994) atribui já ao Freud da teoria da sedução uma temporalidade mais complexa, que não ficaria restrita ao tempo cronológico.

Como foi afirmado antes, o fato de que Freud nunca tenha feito uma sistematização da noção de *Nachträglichkeit* que lhe desse um caráter de conceito, gerou diferentes usos e interpretações do termo entre os pós-freudianos. Para Gondar (1994), as próprias traduções distintas seriam um indicativo de interpretações que vão em sentidos diversos. A tradução inglesa por *deferred action*[14] indicaria uma ideia mais linear de tempo, uma linha que viria do passado para o presente, considerando que o sentido do presente já teria sido dado no passado. Enquanto a escola inglesa advogaria em favor de um tempo progressivo,[15] a tradução francesa por *aprés-coup* (mais próxima do termo que costumamos usar no Brasil, *a posteriori*) desprezaria qualquer ideia de linearidade em relação à temporalidade psíquica:

> [...] o passado perde a condição de fixidez para ganhar um caráter mais plástico, mais fluido: a história de um sujeito deixa de constituir uma linha reta, pela qual um instante já dado determina o que lhe segue, e torna-se uma história toda cheia de volteios, podendo ser reescrita a cada momento. Mais do que manobrar ou simplesmente manipular o passado, seria possível criá-lo: é essa a concepção de tempo que se expressa na tradução francesa do *Nachträglich*. (GONDAR, 1994, p. 47)

Sem dúvida, os argumentos levantados neste livro o colocam em sintonia com os que pensam a noção freudiana de *Nachträglichkeit*

---

14   Ação retardada.
15   André Green (2002) salienta que a psicanálise anglo-saxã optou por um único ponto de vista para pensar o tempo, isto é, aquele do desenvolvimento.

como possibilitando pensar a história de um sujeito dentro de uma temporalidade não linear. Embora concordemos com Gondar (1994) quanto à fluidez e plasticidade que o passado adquire quando da construção da história de um sujeito, temos uma importante ressalva a fazer em relação à essa citação. Será que se trata mesmo de *criação*?

Criar o passado, reescrever a própria história a cada momento talvez soe um tanto otimista quando pensamos nas amarras da repetição e no gozo do sintoma que costumam marcar o sofrimento neurótico. Se é verdade que a análise aposta em rupturas, talvez não se trate de reinventar a vida como algo absolutamente novo. Afinal, não são os sujeitos sempre referidos a um lugar de partida com o qual têm que se haver?

2. HERANÇAS

> *Ora, se não sou eu quem mais*
> *vai decidir o que é bom pra mim?*
> *Dispenso a previsão!*
> *Ah, se o que eu sou é também*
> *o que eu escolhi ser*
> *aceito a condição.*
> (Rodrigo Amarante – Los Hermanos)

2.1 Tralha e relíquia

Martha* me descreve como foi entrar no apartamento do pai depois de sua morte, que ocorreu há dois anos. Era preciso decidir o que fazer com todas aquelas coisas, mas cada visita ao apartamento era um mergulho nas histórias reveladas por cada objeto, nos fragmentos de sua própria vida. Acabava sempre revendo fotos, relendo cartas e documentos, folheando livros, e aquele trabalho tão urgente não rendia. Ficara decidido que ela não moraria ali. Era um apartamento amplo, muito mais confortável do que aquele no qual ela vivia com sua família, mas

---
* Todos os nomes nos casos clínicos são fictícios.

o valor do condomínio era alto e concluiu que seria mais razoável alugá-lo. Seria um dinheiro bem-vindo para o orçamento familiar. Para alugá-lo logo, era necessário desfazer-se de toda a *tralha*.[16] *Aquela velharia toda não me interessava... sou uma pessoa prática, o que não me serve, jogo fora. O que eu queria mesmo era mandar chamar um caminhão para levar tudo de uma vez, sem que eu precisasse olhar.*

Mas seu pragmatismo não se revela assim tão eficiente neste caso. Foram visitas intermináveis ao apartamento do pai e, ainda hoje, dois anos depois, há objetos guardados em sua casa com os quais não sabe o que fazer. A irmã escolheu poucas coisas, o irmão não quis saber de quase nada e, já que o apartamento ficara para ela, cabia-lhe também esta árdua tarefa de decidir o destino dos pertences do pai. Ela logo separou o que lhe era mais caro, essencialmente alguns livros raros que guarda até hoje com muito cuidado e que lhe dão imenso prazer. Outras coisas estão ainda ocupando um quartinho em sua casa, em condição de limbo, entre elas um relógio antigo, que não manda consertar, mas do qual também não consegue se desfazer. Relógio parado sustentando a ilusão de um tempo que não passa, que não traz mudanças nem mortes; que remete à vida estagnada, emperrada, da qual se queixa. Suspensão de um luto ainda por fazer. Os objetos ocupam espaço, demandam uma decisão que é sempre adiada, sua presença incomoda. Acabam tomando uma dimensão maior, representando tudo que é deixado para trás, por fazer, as atitudes que deveria tomar e não toma, as questões em aberto em sua vida.

Questiona-se sobre o que realmente vale a pena manter. Ela não é de guardar coisas, sua casa sempre teve apenas *o essencial*. Trata-se de saber separar a tralha da relíquia, eu digo. Sugiro que essas decisões não eram assim tão práticas porque envolviam bem mais do que os objetos em si, mas as outras heranças deixadas pelo pai, suas marcas, suas influências. Estava também em questão saber o que ficaria dele nela, o que queria carregar e do que preferiria abrir mão.

---

16 Como já foi dito na Introdução (ver nota 2), nas vinhetas clínicas apresentadas ao longo deste livro, as palavras e frases que aparecem em itálico referem-se a falas literais.

Lembra que quando tinha 15 anos e ia a um baile foi até a casa da avó, que morava ao lado da sua, com seu vestido longo para perguntar se estava bem. A avó então disse-lhe que ela estava linda, mas que faltava um toque final. Foi buscar um colar e brincos. Colocou-os na neta e disse-lhe que aquilo era um empréstimo, que cuidasse muito bem das joias e não deixasse de devolvê-las na volta. Martha sentia-se deslumbrante, importante por usar as joias da avó, valorizada por ela. Mais tarde, estas joias foram deixadas para ela, pela avó, como herança. *Isto sim valia a pena guardar.* Então me conta com tristeza que um dia entraram em seu apartamento e as levaram. *Por isso é que eu digo, que sentido tem guardar as coisas?*

O que vale a pena guardar? O que é possível guardar? O que se perde com a passagem do tempo? Quantos lutos são necessários ao longo da vida e o que fica deles como resto, como impossibilidade? O que pode ser trabalhado, elaborado, ressignificado e o que não pode? E qual o papel da análise nestes processos? Quais seus limites?

Martha fala do sofrimento envolvido no tempo que passa e das perdas irreparáveis que ele traz, o que, entre outras coisas, levanta a questão de como o trabalho de luto ou a noção de elaboração psíquica poderiam ser articulados com os processos de ressignificação e seus efeitos em uma análise. Deixaremos este ponto em aberto, por enquanto, para podermos dar espaço para um outro tema trazido por Martha: aquele que diz respeito a uma herança, herança complexa que transcende a materialidade do apartamento, dos objetos ou das joias.

Poderíamos pensar esse fragmento clínico como metáfora de algo que, mais cedo ou mais tarde, sempre se passa em uma análise. Deparar-se com um legado, com suas tralhas e relíquias, e ter que se situar diante delas. Ocupar um lugar na sucessão intergeracional e fazer-se responsável pelo que tomamos daquilo que nos é oferecido. Não é este também o trabalho de uma análise? Poder reposicionar-se diante da própria história, perguntar-se sobre a própria origem, reconhecer o que herdamos e encontrar um lugar possível para si mesmo? O que fazer com o "pacote" que cabe a cada um de nós?

2.2 Pacote

Essa alusão ao "pacote" tiro do livro de Carlos Heitor Cony (1997), *Quase memória – quase romance*. O próprio título do livro já merece, de passagem, um comentário: o uso da palavra "quase" em frente à palavra "memória" e o subtítulo de "quase romance" indicam que não passa desapercebido ao autor o quanto o gênero *memórias* não é assim tão facilmente separável do gênero *ficção*.[17] Tema este caro à psicanálise, que ressalta a ideia de que é a partir de ficções que um sujeito se constitui.

No livro, o protagonista da história (no caso, o próprio autor) recebe um embrulho com as seguintes palavras em cima: "Para o jornalista Carlos Heitor Cony. Em mão". Não é preciso muito tempo para que ele descubra que aquilo vinha de seu pai.

> Era a letra de meu pai, a letra e o modo. Tudo no embrulho o revelava, inteiro, total. Só ele faria aquelas dobras no papel, só ele daria aquele nó no barbante ordinário, só ele escreveria meu nome daquela maneira, acrescentando a função que também fora a sua. Sobretudo, só ele destacaria o fato de alguém ter se prestado a me trazer aquele embrulho. Ele detestava o correio normal, mas se alguém o avisava que ia a algum lugar, logo encontrava um motivo para mandar alguma coisa a alguém por intermédio do portador. [...] Até mesmo o cheiro – pois o envelope tinha um cheiro – era o cheiro dele, de fumo e água de alfazema. [...] Recente, feito e amarrado há pouco, tudo no envelope o revelava: ele, o pai inteiro, com suas manias e cheiros. (CONY, 1997, p. 11)

Até aqui tudo bem, um pacote do pai, o que haveria demais nisso? Mas a informação que o leitor recebe a seguir é que vem acrescentar a perplexidade ao fato. O pai estava morto há exatamente dez anos! Como explicar a presença daquele pacote, tão característico dele, que ainda carregava até mesmo o seu cheiro, ali nas mãos do filho, tanto tempo depois da morte do pai?

Não é esta a pergunta que Cony (1997) tentará responder ao longo do livro, este mistério fica em suspenso. De qualquer modo, vale dizer que essa "presentificação" do pai por meio de um pacote tão cheio de vestígios recentes dele nos faz pensar no tempo do inconsciente, que

---

17   Voltaremos ao tema no Capítulo 4.

transpõe as barreiras materiais e se faz presente sem convite, com direito aos aspectos sensoriais mais realistas.

Tampouco o mistério sobre o que há dentro do embrulho é o que interessa, a não ser como recurso de narrativa, já que o autor leva a curiosidade do leitor às últimas consequências, chegando até o final do livro sem abrir o tal pacote. Como coloca Pereira (1998), o que ele faz é recontar suas memórias (as de seu pai), a partir de cada traço, cada detalhe do pacote que vai lhe evocando diferentes associações, mas sem precisar abri-lo.

> As memórias fluem na medida em que o sujeito nem precisa abrir o pacote. Ele já sabe que é algo vindo do pai. Os objetos reais que porventura pudessem estar no interior não interessam para a reconstituição, o reencontro com a história de sua filiação. (PEREIRA, 1998, p. 47)

2.3 Herança e apropriação

É nesta direção: a do reencontro com a história de uma filiação, que propomos pensar a ressignificação da história de vida na análise. Se a noção de *Nachträglichkeit* permite pensar em um tecer de novos sentidos que se faz ao longo do tempo, isso não quer dizer que se trate de pura criação, invenção de uma história totalmente nova, mas do resgate e da apropriação subjetiva de uma história que já havia começado bem antes daquele sujeito existir. Como coloca Daisy Wajnberg (1994, p. 158): "O discurso do sujeito em análise seria aquela narrativa pela qual virá a constituir a sua história que, paradoxalmente, já está escrita e, ao mesmo tempo, é reescrita somente ao contá-la".

Se falamos em termos de uma ordem simbólica, tal qual propôs Lacan, então não podemos pensar em um sujeito totalmente autônomo, capaz de inventar a si mesmo do nada. Ele invariavelmente terá que se haver com tudo o que lhe antecede, com o que herda sem sequer saber, com os ditos e não ditos que participam de seu processo constitutivo e os que já estavam lá antes de ele nascer, isto é, com os significantes primordiais que recebe ao entrar num mundo de linguagem que já existia antes de ele chegar.

Se o neurótico herda um "pacote", não é possível para ele ignorá-lo. É a forma particular, própria, singular, pela qual cada sujeito se apropria de tal legado que possibilitará a cada um a "reinvenção" de sua própria história. Esse processo infinito, que se dá mesmo para as pessoas que nunca fizeram análise, é, ao meu ver, incentivado, intensificado em uma análise, uma vez que ela abre um espaço de escuta e de fala que, entre outras coisas, favorece as ressignificações.

Resultado que é do desejo de um Outro, um sujeito se situa referido à pergunta "o que quer o Outro de mim?", enigma que a montagem de um fantasma tenta responder. A trajetória de uma análise, segundo Lacan (1953), seria a da travessia desse fantasma, o que implicaria um remanejamento das defesas e uma modificação do sujeito em sua relação com o gozo. Na tentativa de responder ao Outro, o neurótico se vê preso a uma repetição compulsiva que lhe traz sofrimento, porque abre mão do próprio desejo em nome de sua submissão infantil ao Outro. Em análise, a partir de uma relação transferencial que faz com que esse Outro fique temporariamente encarnado no analista, o neurótico tem a oportunidade de se ressituar diante dessa pergunta. Ao deparar-se com um lugar vazio, ali onde supunha haver uma série de demandas, coloca-se em posição de ter que reinventar um lugar para si, em maior consonância com seu desejo.

2.4 Herdar um nome

Kafka (1992, p. 11), em sua famosa *Carta ao pai*, expõe com maestria uma boa dose do que implica este processo de situar-se diante de uma filiação, especialmente no que diz respeito à dívida para com o sobrenome paterno:

> Naturalmente, não digo que me tornei o que sou só por influência sua. Seria muito exagerado (e até me inclino a esse exagero). É bem possível que, mesmo que tivesse crescido totalmente livre da sua influência, eu não pudesse me tornar um ser na medida do seu coração. [...] Eu teria sido feliz por tê-lo como amigo, chefe, tio, avô, até mesmo (embora mais hesitante) como sogro. Mas justo como pai você era forte demais para mim, principalmente porque meus irmãos morreram

pequenos, minhas irmãs só vieram muito depois e eu tive, portanto, de suportar inteiramente só o primeiro golpe, e para isso eu era fraco demais. Comparemo-nos um com o outro: eu, para expressá-lo bem abreviadamente, um Löwy com certo fundo Kafka, mas que não é acionado pela vontade de viver, fazer negócios e conquistar dos Kafka, e sim por um aguilhão dos Löwy, que age mais secreto, mais tímido, numa outra direção, e muitas vezes cessa por completo. Você, ao contrário, um verdadeiro Kafka na força, saúde, apetite, sonoridade de voz, dom de falar, autossatisfação, superioridade diante do mundo, perseverança, presença de espírito, conhecimento dos homens, certa generosidade. [...] Seja como for, éramos tão diferentes e nessa diferença tão perigosos um para o outro, que se alguém por acaso quisesse calcular antecipadamente como eu, a criança que se desenvolvia devagar, e você, o homem feito, se comportariam um com o outro, poderia supor que você simplesmente me esmagaria sob os pés e que não sobraria nada de mim.

O que mais se herda junto a um nome?

Em *O mito individual do neurótico,* Lacan (1953) salientará a importância do que ele chama de "a constelação familiar do sujeito", sua pré-história, ou seja, tudo aquilo que o antecede. Utilizando-se do exemplo do Homem dos Ratos, ele demonstra a relação existente entre os sintomas atuais do paciente de Freud e a história de seus pais. Esta já apresentava pelo menos dois elementos de suma importância no desenrolar da patologia do paciente, tais quais, o dilema enfrentado por seu pai entre uma moça pobre e uma moça rica para casar (ele escolheu a rica) e uma dívida que nunca foi paga. Lacan (1953) nos mostra como o paciente de Freud se enreda nessa história, repetindo a seu próprio modo, em sua vida, as questões que ficaram ali em aberto na vida do pai. É claro que, como toda a repetição, ela não se dá de forma absolutamente idêntica, mas carrega novos elementos, que reordenam a situação original:

> Tudo se passa como se os impasses próprios da situação original se deslocassem para um outro ponto da organização mítica, como se o que num lugar não está resolvido se reproduzisse sempre noutro. (LACAN, 1953, p. 60)

Lacan (1953, p. 59) salienta ainda que "essa relação não é evidentemente elucidada pela forma puramente factual como a expus, já que ela só se valoriza com a apreensão subjetiva que dela teve o sujeito". Assim, se constituiria um "cenário fantasmático" no qual se manifesta o que Lacan chama de "mito individual do neurótico".

2.5 O "não resolvido" da geração anterior

Se a construção deste mito implica uma apropriação do sujeito em relação àquilo que herda, podemos pensar, com Lacan, que tal herança inclui sempre algo de "não resolvido". A diferença que uma análise pode fazer coloca-se justamente entre simplesmente *carregar* este "pacote", sem de fato haver-se com ele, repetindo o que não foi elaborado das gerações anteriores, ou *encarregar-se* dele, isto é, apropriar-se do que foi herdado, deixar-se trabalhar por esta herança, elaborá-la, ressignificá-la, transformá-la em algo próprio. Como diz Goethe, em *Fausto*, citado por Freud (1913-1914, p. 188) em *Totem e tabu*: "Aquilo que herdaste de teus pais, conquista-o para fazê-lo teu".[18]

Vicente[19] chega à análise aos cinco anos e, por um período de dois anos, tratamos de desembrulhar seu "pacote". Seus pais, assustados com o último relatório escolar nada elogioso, aceitam de pronto a recomendação da escola para um trabalho analítico. Vicente não consegue cumprir nenhum combinado, desafia todas as regras e, recentemente, cuspira na professora. Coloca-se, repetidamente, em situações de expulsão. Fica fora da roda, fora da lei, fora da escola e, como vai ficando claro ao longo de sua análise, fora da filiação.

De início, a cena que se faz em sessão é a seguinte: Vicente repetidamente escolhe um jogo de regras qualquer e propõe: *Vamos jogar sem as regras?* Pega o jogo Pizzaria Maluca. Nesse jogo, ganha quem primeiro completar os cinco ingredientes presentes em seu próprio

---
18 Essa citação que Freud faz de Goethe inspira o título do trabalho de Tatiana Inglez-Mazzarella sobre o tema da transmissão psíquica entre gerações: *Fazer-se herdeiro: a transmissão psíquica entre gerações*. São Paulo: Escuta, 2006, livro citado mais adiante.
19 Este caso foi apresentado no *Colóquio 100 anos de psicanálise com crianças*, promovido pelo Departamento de Psicanálise de Criança do Instituto Sedes Sapientae, que aconteceu nos dias 28 e 29 de agosto de 2009, com o seguinte título: "Quando o não dito faz sintoma na geração seguinte: reflexões sobre a origem a partir da análise de um menino de cinco anos".

pedaço de pizza. Ao lançar o dado e percorrer o tabuleiro, ora se ganha e ora se perde ingredientes. Depois de seu convite usual, *vamos jogar sem as regras?* Vicente ocupa-se em completar todos os ingredientes de todos os pedaços de pizza. Olho para ele com expressão de espanto e exclamo: *E agora, o que fazemos? Se não há espaços vazios, não há como jogar!* A regra para ele não se coloca como abertura de possibilidades. Não é um organizador, um limite que marca o que não pode para que outras coisas sejam permitidas. Negar a castração é o que lhe resta.

Mas, ao jogar sem as regras, Vicente se exila. Nosso começo foi uma grande batalha com tudo o que marcava que a lei também valia para ele. Não queria que a sessão acabasse e sua estratégia era esconder o relógio. Eu sempre arrumava alguma outra maneira de ver as horas. Um telefone celular que eu sacava teatralmente da bolsa, uma longa e marcada consulta ao relógio de pulso. *Vicente, será que esconder o relógio faz o tempo parar de passar?*

Na brincadeira de alienígenas, há um encontro entre terráqueos e *aliens*, esses normalmente encenados por Vicente. Ele explica-me que os alienígenas não podem submeter-se às leis da Terra, pois as leis de seu planeta são outras. Assim, uma mordida é na verdade um carinho, porque no planeta de origem é mordendo que se faz carinho. Lá, no outro planeta, são os filhos que colocam os pais de castigo, não o contrário. Dentro da cena da brincadeira, vou marcando para esses personagens que agora eles estão na Terra e precisam obedecer às leis da Terra, e que não é possível viver aqui com as leis de lá.

A princípio, um pouco fora do contexto do enredo que cria, há sempre um bebê que aparece meio de repente, constantemente jogado no lixão, maltratado, mordido pelos próprios dentes de Vicente. *Você vai pro lixão! Seu pai e sua mãe não te querem!*

Ia se tornando evidente que os sintomas de Vicente encarnavam algo que sua mãe, Beatriz, havia me contado em nosso segundo encontro. Beatriz é filha adotiva e isso sempre foi um segredo. Seus pais nunca lhe disseram nada, ela descobriu isso sozinha, já adulta, fazendo inferências. Ela nunca contou nada aos filhos. Um dia falou à mãe sobre sua desconfiança. Esta confirmou o fato, mas calou-se a respeito. O pai até hoje não sabe que ela sabe. *Eles são velhinhos. Se eles não quiseram falar sobre isso, acho que eu também não devo falar*, diz Beatriz.

Miriam Debieux (2009) coloca que quando há um pacto de silêncio em uma família, o medo do exílio faz com que o sujeito se submeta ao mandato de nada dizer. Há uma obrigação ética na lealdade, o sujeito está comprometido em não falar, pois há uma dívida a ser saldada para com os pais, pelos benefícios recebidos, pelos cuidados dispensados.

Na sessão, Vicente desenha um bebê do espaço sideral, com antenas muito compridas que captam tudo. Ele foi adotado por uma mãe da Terra, mas não sabe disso e não sabe que vem do espaço. Digo a ele que deve ser difícil para este bebê, que deve haver muitas coisas que ele não entende porque não sabe que veio do espaço e não sabe que é adotado. Vicente diz que quer dar o desenho à mãe e pede que eu o dobre "como uma carta", carta que entrega a ela, em mãos, na sala de espera, ao final da sessão.

Chamo os pais e falo sobre o que tem aparecido nas brincadeiras, o tema da filiação, da adoção. Digo a eles que acredito fortemente que o segredo carregado pela mãe está relacionado às dificuldades de Vicente. Beatriz se mostra descrente, talvez brinque disso porque tem amiguinhos adotados. Não vê como seu filho pode estar preocupado com algo que desconhece. Não se sente em condições de falar aos filhos sobre este tema. *Mas então tem que contar?* Pergunta o pai, mostrando-se preocupado em como seria isso para Beatriz. Reafirmo que não lhes estou impondo nada, mas fazendo uma constatação: essa é a temática recorrente na análise de Vicente, ele não "fala" de outra coisa.

Proponho que falemos sobre essa dificuldade em falar, ali, nas sessões comigo, no tempo possível, do jeito possível. Seguem-se conversas bem difíceis com os pais, algumas só com Beatriz, nas quais ela me fala da dor de ter um buraco na sua história, das suas dificuldades em ser mãe, de como perde a cabeça, das explosões com Vicente, da sensação de que a vida que leva não é sua, da vontade de desaparecer.

Vicente pega o bebê do lixão, morde mais ainda sua cabeça. *Eu o adotei. Ele estava para adotação.* A cabeça do bebê está deformada, esticada de tão mordida, e ele o chama de *bebê cabeça de foguete*. *Ele quer se transformar num "alien". Não gosta de ser humano. Ele vai morar em outro planeta, o planeta Ponta Cabeça.*

Ele me transforma em criança e diz que as crianças têm cérebro pequeno, não lembram de nada. Argumento que as crianças lembram muito bem das coisas. *Os bebês não lembram de nada. Não lembram do seu nascimento. Eu só lembro que nasci no dia 4 de setembro.* Pois é, mas suas antenas gigantes de alienígena são capazes de lembrar até do que nunca lhe foi dito, eu penso. "Os bebês talvez não lembrem exatamente das coisas, mas eles sentem tudo o que acontece com eles", eu digo.

Vicente é a cara do pai e não se parece em nada com a mãe. *Peguei lá no sul*, dizia a mãe jocosamente, com o bebê no colo, quando sentia que os olhares desconfiados dos outros levantavam questões. O dia a dia com Vicente é difícil. Beatriz trabalha muito e quando está com os filhos é só embate. Não suporta sentar à mesa com Vicente e ver que não come nada. Nunca comeu nada. Quando bebê, mamava o leite da mãe, mas não crescia. Outro dia cuspiu no prato. A mãe ficou furiosa. Quando alguém comenta sobre a beleza do filho, ela diz: *Bonitinho, né? Quer pra você?* Outras vezes brinca comigo, dizendo, s*e fosse adotado, dava para devolver*. Ela fala tudo isso rindo, tentando fazer piada. Seria engraçado se não fosse trágico. Os chistes revelam a posição subjetiva de mãe e filho. É como se Vicente não fosse filho legítimo, não pôde ser "adotado" pela mãe biológica.

Para Beatriz, falar sobre o que os pais não queriam falar seria traí-los, cuspir no prato em que comeu. Era insuportável ver Vicente cuspir no prato. Às vezes era insuportável ver Vicente. O filho rebelde, o aluno excluído, a criança preterida, que todos rejeitam. Ele encarna o filho descartado que um dia Beatriz foi.

Vamos brincar de prisioneiro. Você está aqui porque seus pais não querem saber de você. O mesmo acontecia com os demais prisioneiros. *Eu sou um rei de seis anos e meus pais me jogaram no lixão.* Pergunto a ele por que isso aconteceu. Tenta ler em uma máquina de informações, mas há tanta coisa ali que não consegue entender. Eu insisto que tente, "essa informação é importante", eu digo, "é muito difícil ter pais que não querem saber de você". Finalmente ele consegue ler: *Eles não queriam esses filhos, queriam outros...*

Há um ideal de mãe que não se pode cumprir, então não dá para ser mãe. Há um ideal de filho que não se pode realizar, então não dá para ser filho. Na sessão, ele é o médico e tira de dentro de mim um bebê. Mas esse bebê não tem braços nem cabeça. Eu choro. *Você queria um bebê com braços e cabeça?* Digo que sim. *Aquele não era o seu bebê, aquele era de cocô.* Traz um outro bebê e pede que eu jogue aquele fora. O novo bebê tem a cara vermelha porque é nervoso. Pergunto, "nervoso como eu?".

Beatriz me conta de uma conversa que teve com Vicente, tentava descobrir de onde vinham suas preocupações com adoção. O filho lhe revela uma teoria sobre sua origem. Em sua construção, ele seria filho só do pai. O pai o colocou para *adotação* e aí sua mãe o adotou.

Esse vermelho no rosto, Vicente me diz, *são os anticorpos que você passou pra ele.* Então eu digo, "bem, se eu passei isso pra ele, é porque é meu filho de verdade. E ele é meu filho de verdade, mesmo que não se pareça comigo. Um filho pode não parecer com a mãe e ainda assim ser seu filho de verdade".

É preciso poder adotar os filhos biológicos. Isso não se dá automaticamente por tê-los carregado no ventre. Há sempre um trabalho, para cada sujeito, em maior ou menor grau, de poder construir um mito de origem. Para Vicente havia um empecilho a mais para esta tarefa. O não dito, diz Miriam Debieux (2009, p. 140), nega ao sujeito o acesso a significantes fundamentais. "O que foi descartado retorna deslocado no sintoma, por várias gerações, para que a verdade fale". Vicente se fazia porta-voz dessa verdade não falada, trazia em ato o não elaborado da história da mãe e dos avós maternos.

Mazzarella (2006, p. 83), ao abordar a dimensão de negatividade da transmissão psíquica, diz que, nesses casos, "o transmitido circula por fora do alcance do trabalho de elaboração". O antídoto contra essa "herança que aliena", segundo a autora, seria a apropriação deste pedaço não integrado da história do sujeito. Em sua análise, Vicente tratará de tentar reconstruir seu romance familiar, para poder encontrar um lugar para si na linhagem desta família. "Quando os elementos fundamentais da história familiar estão segregados, a análise tem como desafio a reconstrução ou a cunhagem de uma narrativa capaz de integrá-los", diz Mazzarella (p. 162), só assim o analisando poderá posicionar-se diante de sua ascendência, "construindo simultaneamente uma pertença e uma existência singular".

Passados dois anos de trabalho, em sua última sessão, digo a Vicente que sei que sua mãe havia lhe contado um segredo que guardava há muito tempo: o fato de que ela foi adotada. E ele diz: *Eu achava que era eu que era adotado*.

Neste caso, a questão da transmissão psíquica transgeracional coloca-se de forma "exemplar". O não dito da geração anterior faz sintoma na geração seguinte. Podemos pensar, no entanto, que para todos os sujeitos, mesmo quando isso não se coloca de uma maneira tão explícita, a tarefa de situar-se diante do legado recebido, da herança psíquica, faz-se necessária ao longo da vida e intensifica-se durante o trabalho de análise (mesmo para as crianças, como vemos aqui). Ao se haver com seu "mito individual", ao situar-se em relação a seu "complexo de família",[20] ao construir seu *"romance familiar"*, o neurótico abre novas possibilidades para si, faz rearranjos de seus mitos fundadores, giros em sua posição subjetiva, que são, em parte, resultado das ressignificações feitas ao longo do trabalho analítico. Como coloca Mazzarella (2006, p. 80), "a transmissão não é passiva: remanejamentos frequentes e sucessivos permitem sua apropriação por parte dos membros da família".

2.6 Ressignificar, nomear e elaborar

Aqui talvez seja importante chamar à atenção para as diferenças entre o que é herdado pelo recalque – que como sabemos, desde Freud, sempre retorna – e o que passa para as gerações seguintes como irrepresentável, como um real que nunca teve inscrição no campo do simbólico. Podemos pensar que o terreno da ressignificação seria aquele do

---

20 Termo usado por Freud (1917 [1916-1917], p. 389) nas "Conferências introdutórias sobre psicanálise". Ver Conferência XXI: "Quando outras crianças aparecem em cena, o complexo de Édipo avoluma-se em um complexo de família".

recalque, uma vez que o que está em jogo é o trabalho com algo que já se encontrava no campo do sentido. A própria raiz do termo "ressignificar" remete a dar um outro sentido, uma nova significação, isto é, trata-se de algo que já estava inscrito no campo do simbólico. Ou seja, ressignificar não é o mesmo que trazer algo para o campo representacional pela primeira vez, mas refere-se a dar novo sentido a algo que já estava lá.

Contudo, talvez possamos pensar em uma articulação possível entre esses processos, ou seja, talvez coubesse perguntar em que medida os processos de ressignificação podem auxiliar este outro movimento, que é o de nomeação de algo que antes pertencia ao campo do irrepresentável. Se uma aposta da análise é a de que, ao circundar o real pela palavra, ao tentar abordá-lo (no sentido de um trabalho que se faz pelas bordas), possamos trazê-lo, pelo menos em parte, para o campo representacional, será que os processos de ressignificação não teriam uma contribuição nessa direção?

Muitas vezes testemunhamos os efeitos que têm para o analisando a simples nomeação de algo que pode finalmente encontrar um endereço por meio da palavra dirigida ao analista. Poderíamos supor que a abertura para novos sentidos trazidos pelos processos de ressignificação permitiria uma ampliação das redes de significação, que influenciariam também o trabalho de nomeação daquilo que antes era impossível de dizer. À medida que tece novas relações de sentido, o sujeito abre caminho para novas ligações possíveis, permitindo também uma intensificação do trabalho de "puxar" elementos do real para dentro do campo do simbólico, nomear o que antes sequer podia ser dito.

É claro que tais processos implicam sempre que algo fique de fora. Encontramos os limites dos efeitos da ressignificação em uma análise tanto na ideia de que há sentidos que jamais são refeitos, quanto no fato de que restará sempre algo do real que nunca terá acesso ao simbólico.

Dito isso, vamos agora pensar um pouco nas articulações possíveis entre alguns conceitos freudianos que apresentam alguma vizinhança com a ideia de ressignificação. Em que medida podemos aproximar luto e ressignificação? O que têm esses processos em comum com a noção de elaboração psíquica?[21]

Ao que parece, cada um à sua maneira, tais movimentos relacionam-se diretamente com os efeitos de ruptura que uma análise pretende gerar. Em qualquer dos casos, há um processo que se desencadeia, dentro de um lapso temporal, durante o qual uma mudança qualitativa se dá no sujeito. Assim, podemos dizer que, se há "trabalho psíquico" envolvido no luto e na elaboração, ele está presente também nos processos de ressignificação.

Freud utilizou-se do termo "trabalho" (*Arbeit*) em várias de suas expressões, como, "trabalho do sonho", "trabalho de luto", ou "trabalho de elaboração". Trata-se, segundo Laplanche e Pontalis (1982), de um emprego original do conceito de "trabalho", aplicado a operações intrapsíquicas, que remete à noção freudiana de que o aparelho psíquico transforma e transmite a energia que recebe. Assim, se há um trabalho intrapsíquico que acontece espontaneamente no aparelho psíquico, há também um processo análogo que é incentivado pela experiência de análise, que resulta como efeito de seu dispositivo. Daí podermos afirmar que a ressignificação, embora não seja um fenômeno exclusivo da análise, intensifica-se ao longo de seu percurso.

Poder colocar em palavras, integrar, assimilar, digerir, acomodar, elaborar. Tais operações são parte essencial do trabalho de análise desde seus primórdios e, de certa maneira, já estavam esboçadas na noção de "ab-reação", quando ainda se tratava do método catártico.[22] Se a psicanálise foi se tornando uma teoria e uma prática cada vez mais complexa à medida que os anos se passaram, algo relativo ao efeito da palavra já estava lá desde o início, como evidencia a expressão cunhada por Anna O.: já naqueles tempos a psicanálise era uma "talking cure".

---

21   É bastante conhecido o neologismo criado por Laplanche e Pontalis (1982) para traduzir o termo alemão *durcharbeiten* (em inglês *working through*) que é o de "perlaboração". Os autores o diferenciam dos termos *Verarbeitung*, *Ausarbeitung* e *Aufarbeitung*, traduzidos por "elaboração psíquica". Enquanto o termo elaboração psíquica refere-se a um trabalho do próprio aparelho psíquico, o termo perlaboração enfatiza o papel da interpretação feita na análise para o trabalho de elaboração. Contudo, os próprios autores admitem uma inevitável aproximação entre as duas noções, pois, "existe uma analogia entre o trabalho do tratamento e o modo de funcionamento espontâneo do aparelho psíquico" (LAPLANCHE e PONTALIS, 1982, p. 144). Por essa razão, no presente estudo, optamos por adotar o uso de um termo apenas, qual seja, o de elaboração psíquica.
22   Como vimos no Capítulo 1, no item "Tempo não linear", uma certa noção de elaboração já se esboçava até mesmo em Charcot.

E o luto, em que medida se avizinharia da ressignificação? Como já foi dito antes, a elaboração psíquica, o luto e a ressignificação são processos vinculados aos efeitos de ruptura em uma análise, mas que acontecem também de forma espontânea no aparelho psíquico. Ao diferenciar o luto da melancolia, Freud (1917 [1915], p. 276) diz que a simples passagem do tempo se encarregaria do primeiro: "Confiamos que seja superado após certo lapso de tempo, e julgamos inútil ou mesmo prejudicial qualquer interferência em relação a ele". No senso comum se costuma dizer que o tempo cura tudo. Mas é claro que a mera passagem do tempo não é suficiente para que algo se modifique. As mudanças conquistadas pelo sujeito enlutado na forma como lida com o objeto perdido – basicamente poder liberar a libido ali investida para novos investimentos –, embora possam ocorrer sem análise, são decorrentes de intenso trabalho psíquico que demanda uma implicação ativa do sujeito. Por outro lado, é muito comum que o percurso de uma análise se encarregue, entre outras coisas, de dar conta de trabalhos de luto que não foram feitos ao longo da vida ou que se ocupe dos restos de lutos que foram "bem-sucedidos" sem ela. Vale lembrar que, em certos casos, em especial quando se trata de crianças em estruturação (mais ainda para as que estão em condições de risco), a passagem do tempo pode agravar o quadro. Lembro de um pai que, contrariado com a iniciativa de sua esposa de levar o filho para a análise, argumentava que *tudo aquilo iria passar*, a criança iria *crescer e amadurecer*. Aponto que nem tudo melhora com o tempo e que algumas coisas, inclusive, podem piorar se deixarmos apenas o tempo se encarregar delas.

Joana, 30 anos, perdeu seu pai aos 15 e, desde então, sente uma grande *insegurança*. Cada vez que tem uma dúvida em alguma encruzilhada que a vida lhe apresenta, sente um grande pesar por não poder discutir a questão com o pai e a forte convicção de que, se ele estivesse aqui, não se sentiria assim. Um dia relata um sonho: está dentro de um ônibus, com outras pessoas. *O ônibus corre muito e passa por cima de um monte de coisas, de protuberâncias na estrada, não sei o que é.* De repente, ele para e algumas pessoas descem. Joana também desembarca e passa a olhar com cuidado para as ondulações na estrada, descobrindo, espantada, que se tratava de corpos de pessoas mortas. Quando peço suas associações sobre o sonho, a primeira coisa que diz é: *Sinto como se antes da análise eu passasse por cima de tudo, sem olhar, como o ônibus. A análise me faz parar e olhar pra cada uma dessas coisas, pra esses mortos.*

Assim, mesmo para os sujeitos que não contam com o espaço da análise, não se trata da simples passagem do tempo, mas de uma operação interna que modifica o sujeito, um trabalho psíquico no qual o sujeito está totalmente engajado e que precisa de um lapso temporal para acontecer. Esse movimento está presente nos três termos vistos aqui. No caso do luto, temos uma mudança de estatuto frente ao objeto perdido, mas também uma abertura para outras conexões, ligações, sejam elas novas redes associativas ou novos investimentos libidinais. Nesse sentido, poderíamos dizer que há um certo "trabalho" de luto envolvido nos processos de ressignificação, bem como há ressignificações envolvidas no trabalho de luto.

Martha está às voltas com a tarefa de poder acomodar a *tralha* e a relíquia que recebeu de herança. Não só do pai, mas da mãe, dos avós, de todas as gerações que a antecederam e que participam de seu mito individual. Enquanto decide o destino dos pertences do pai, sente que precisa *liberar espaço*. Gosta do relógio, mas talvez ele seja grande demais para o lugar em que mora. Será que o tempo em suspenso do luto pode voltar a correr?

Em uma sessão comenta que no clube que frequenta – no qual seu pai teve presença atuante –, um senhor a reconheceu e veio contar-lhe sobre as benfeitorias que seu pai havia realizado ali. Martha se sente gratificada por este reconhecimento. Teme que o pai seja esquecido na medida em que essa geração de senhores vá morrendo. Queria mesmo era ver no clube *uma placa com o nome do pai, em agradecimento aos seus esforços.* Ela sempre sentiu forte apelo de manter a história do pai viva e constantemente sente-se em dívida com esta tarefa. Novamente, lamenta por ter jogado coisas importantes fora e pelas quais mantém com tão pouca ordem. Surge a ideia de organizar tudo na forma de um livro de memórias.

No final desta sessão ela diz: *Pensando bem, talvez eu não devesse ficar me lamentando por tudo o que não fiz, mas pegar o que restou e ver o que é possível fazer com isso.*

Se a passagem impiedosa de um tempo irreversível produz perdas inevitáveis, é ela também que permite que algo se altere, que algo se produza. Se em um primeiro momento a vontade era de poder livrar-se de *tudo de uma vez*, mandando chamar um caminhão, *sem precisar olhar* – assim como as associações de Joana sobre o sonho do ônibus que corre sobre os mortos sem tempo para ver –, a análise vai justamente convocá-la a olhar, a fazer o trabalho de luto, a encontrar um lugar possível para si mesma em meio a toda *tralha*, podendo encontrar nela também o que há de relíquia. Ao longo da análise, Martha vai apropriando-se de seu "pacote", abrindo espaço para fazer com *isso* o que é *possível* fazer.

3. UM SABER QUE SE ATRASA

3.1 Saber não saber

Vimos no Capítulo 1 que a noção de *Nachträglichkeit* nos permite pensar em uma temporalidade que caminha em diversas direções e que a história de um sujeito se compõe no ir e vir deste tempo heterogêneo. O que este Capítulo propõe pensar é como esta temporalidade marca também o trabalho do analista, trazendo questões importantes para seu posicionamento ético e sua prática clínica diária.

Um analista não tem como antecipar os efeitos de suas intervenções e seu acesso às consequências de seu ato só pode se dar *a posteriori*. Assim, encontra-se impossibilitado de fazer predições e não pode sequer responder à simples pergunta daquele que inicia a análise: *Quanto tempo vai levar?* Como afirma André Green (2002, p. 45), o analista não pode respondê-la "não porque ele quer manter um senso de mistério, mas porque, na verdade, ele simplesmente não sabe". Assim, embora esteja sempre referido a um corpo teórico que lhe serve de norte, há uma dimensão de não saber que acompanha o analista diante de cada novo paciente e um eterno descompasso entre seu saber e seu ato. Como coloca Pommier (1992, p. 9), "seu saber se atrasa".

Se uma análise não oferece garantias, o que sustenta a prática de um analista? O que ou quem o autoriza? Como baliza sua intervenção? Cotidianamente, na clínica, como objeto que somos da suposição de um saber, é no lugar daquele que sabe que somos colocados, seja pelos próprios pacientes, seja pelos pais ou profissionais que deles se ocupam. Como intervir junto àquele que busca uma palavra com valor de verdade, verdade essa que o psicanalista não possui? Que posição ocupar para permitir tal suposição de saber, tão fundamental à transferência, sem "sentar" no lugar de mestre?

Com Lacan (1972/1973), aprendemos que o inconsciente é um saber que não se sabe. Freud (1926) diz algo que se aproxima disso em *A questão da análise leiga*, quando defende a ideia de que a análise não é, como querem alguns, uma prática moderna da confissão. A diferença que as marca, diz ele, é que se no confessionário dizemos o que sabemos, na análise, dizemos o que não sabemos.

No sentido lacaniano, um saber diferencia-se do conhecimento. Ele não é um conteúdo ideativo que está lá em algum lugar esperando para ser apreendido, não se trata de uma significação, algo a ser compreendido, mas é corporal, inconsciente e só pode ser apropriado pela experiência.[23] Lacan (1972/1973) dizia que a presunção da análise seria a de poder constituir um saber sobre a verdade, o que não é o mesmo que construir um conhecimento, uma conscientização, uma explicação que advém do domínio cognitivo. Se assim fosse, poderíamos pensar que bastaria que alguém estudasse a teoria psicanalítica para que, conhecedor profundo do funcionamento dos sintomas, pudesse facilmente livrar-se dos seus próprios, ou mesmo ser capaz de tomar medidas profiláticas.

O próprio Freud (1913, p. 168), embora muitas vezes tenha fornecido explicações teóricas a seus pacientes, constatava que, apesar de familiarizados com a teoria psicanalítica, os psicanalistas não estavam imunes a se depararem com resistências em suas próprias análises:

---

23 Voltaremos a este tema no Capítulo 5.

> Quando isto acontece, somos mais uma vez relembrados da dimensão da profundidade da mente, e não nos surpreende descobrir que a neurose tem suas raízes em estratos psíquicos nos quais o conhecimento intelectual da análise não penetrou.

Portanto, a análise dos analistas ou dos candidatos a analistas seria como qualquer outra.

Eu sei o que eu faço errado, mas não consigo mudar. Essa é uma reclamação constante que encontramos na clínica e que demonstra que não é pela via do conhecimento, ou ainda, pela via da conscientização do problema, que os efeitos de uma análise se dão. Muitas vezes o efeito de uma intervenção, diz Pommier (1992), nem ao menos passa pela compreensão consciente. Ele opera no significante, sem que o analisando sequer se dê conta disso. Como coloca Lacan (1972/1973, p. 129), "a análise veio nos ensinar que há um saber que não se sabe, um saber que se baseia no significante como tal". Isso justifica a preferência lacaniana por intervenções não explicativas, que privilegiam o sublinhamento de certos elementos do discurso do paciente, a pontuação, que abra para novos sentidos a serem buscados, mas que mantenha o enigma. "A cura psicanalítica registra resultados terapêuticos antes mesmo que o analisando compreenda o que pôde determinar sua história e sem que o analista tenha pronunciado uma única palavra" (POMMIER, 1992, p. 51).

Para Lacan (1972/1973 ou 1967), o mais fundamental aspecto da intervenção do analista é a produção de um efeito. Assim sendo, o enigma, o corte, o humor, são considerados mais efetivos do que interpretações explicativas. Ele critica as tentativas de tradução daquilo que o paciente diz, como se o analista tivesse a capacidade de enxergar o que "realmente" está "por trás" do que é dito pelo analisando. Lacan sempre chamou a atenção dos analistas para os riscos de se compreender demais, para os riscos de uma relação que permanece essencialmente no registro imaginário. O que não significa que a consistência imaginária não seja de fundamental importância para a sustentação do sujeito.[24] "Recordo aqui que qualquer um que recrutamos com base em

---

24 Trabalharemos este tema no Capítulo 4 (item "O imaginário conta").

'compreender os doentes' se alista a partir de um mal-entendido que não é sadio como tal" (LACAN, 1967, p. 259). No Seminário 2, ele aponta para dois perigos que um analista corre no campo clínico: o primeiro seria o de não ser suficientemente curioso. O segundo, compreender. "Compreendemos sempre demais, especialmente na análise. Na maioria das vezes nos enganamos" (LACAN, 1953/1954, p. 135).

É claro que a descoberta de algo sobre a causa de seu desejo, muitas vezes gera no sujeito uma "jubilação intelectual" (POMMIER, 1992, p. 59), cujo prazer tem mais a ver com um alívio da angústia do que com uma mudança estrutural que poderá se opor à formação do sintoma. Não que algum alívio da angústia não seja muitas vezes bem-vindo ao longo de um processo de análise, tantas vezes marcado por enorme sofrimento, e não que tal alívio não possa ser uma consequência de um remanejamento estrutural do sujeito. No entanto, a psicanálise sempre se diferenciou de práticas que visam, em primeiro lugar, ao bem-estar do paciente. Freud (1914 [1937]) falava que seu objetivo primeiro não era a remoção dos sintomas, mas que isso podia ou não se dar como consequência de um trabalho de reestruturação psíquica. Lacan (1959-1960) dizia que a análise não visa ao bem do paciente. Tais colocações marcam um posicionamento ético da psicanálise, que não se vincula aos imperativos de felicidade e bem-estar impostos pelo laço social contemporâneo.

Ainda assim, uma pergunta relativa aos enigmas e ao sofrimento psíquico postos pelos sintomas é comumente o que move um sujeito a iniciar uma análise. Se por um lado podemos dizer que essa busca de um saber é em si sintomática – herança da estruturação edípica na qual o neurótico supõe um saber ao pai –, por outro lado ela é o gatilho que pode viabilizar a análise. É a suposição imaginária de que há um outro/Outro que pode revelar a minha verdade que permite a instauração de uma relação transferencial, sem a qual não haveria análise. No entanto, é preciso não esquecer que o neurótico sofre de excesso de sentido e, portanto, uma análise que escolhe a via da injeção de sentido, caminharia para o reforço do sintoma.[25]

---

25 Voltaremos a esta questão nos Capítulos 4 e 5.

Saber não saber implica sustentar uma posição paradoxal. Um analista não pode prescindir de um referencial teórico que oriente seu trabalho, ou cairia nos riscos da pura intuição. Mas também precisa desprender-se suficientemente de tais referenciais para não ser ensurdecido por eles, sob o risco de "escutar a teoria" e não o analisando, enquadrando o paciente em um saber prévio ou fazendo uma simples "aplicação" de conceitos.

Leclaire (1986, p. 21) comenta o impossível que está em jogo nesta posição, que exige do analista uma *escuta sem preconceitos*: "em se tornando analista, aceitou nova gama de preconceitos e se apresenta, muitas vezes, como um homem que já tomou posição". A questão estaria, então, em que tipo de uso ele faz de seu referencial teórico. Um analista, para exercer tal função, precisa justamente ocupar este lugar paradoxal, marcado por uma *dupla exigência*. "O rigor do desejo inconsciente, a lógica do desejo", conclui Leclaire (1986, p. 24), "só se revelam a quem simultaneamente respeita essas duas exigências da ordem e da singularidade, aparentemente contraditórias".

Assim, ao mesmo tempo em que não pode trabalhar sem uma teoria que lhe sirva de referência, precisa "esquecer-se" dela diante de cada novo paciente. Freud (1912, p. 153), em *Recomendações aos médicos que exercem a psicanálise*, já advertia contra os perigos de tentar reunir a estrutura do caso, ou predizer seu progresso futuro, como acontece quando pesquisa e tratamento coincidem. Ele coloca que

> os casos mais bem-sucedidos são aqueles em que se avança, por assim dizer, sem qualquer intuito em vista, em que se permite ser tomado de surpresa por qualquer nova reviravolta neles, e sempre se os enfrenta com liberdade, sem quaisquer pressuposições.

Podemos dizer, então, que há uma dimensão de não saber que se coloca durante um processo analítico, tanto para o analista quanto para o analisando. Como coloca Pommier (1992, p. 51), a psicanálise "não propõe ao paciente nenhum significante mestre da cura, senão os que o analisando descobrirá por si mesmo. O psicanalista os ignora e os percebe no mesmo instante em que seu analisando".

Se um sujeito está sempre em trânsito, habitando um tempo que não para de passar e de imprimir mudanças nele, também para o analista nunca haverá um *perfeito agora*[26] no qual a "essência" de seu paciente seria capturável ou compreensível. Também o analista em seu trabalho de escuta está submetido à temporalidade do *Nachträglichkeit*, ao ir e vir de um tempo heterogêneo que coloca para ele a possibilidade de poder sempre ressignificar o que escuta à medida que o analisando continua falando. Deixar-se tomar por essa temporalidade, sem compreender rápido demais,[27] sem tamponar a própria angústia de não saber com construções teóricas que se "colam" ao que o paciente diz, é essencial para que possa manter-se na posição de analista.

3.2 Sou onde não penso e ali está a minha verdade

> Dois judeus se encontravam no trem; interrogado sobre o seu destino, o primeiro diz que vai a Cracóvia. Ao que o outro responde indignado: por que me mentes se dizes que vais a Cracóvia, exatamente para que eu creia que vais a Lemberg, quando na verdade vais a Cracóvia?
> (Piada contada por Freud)

Assim como dizemos que se trata de um saber que não se sabe, trata-se de uma verdade que é não toda. Quando Lacan (1972/1973) diz que a *presunção* da análise seria a de poder constituir um saber sobre a verdade podemos entender que o uso da palavra *presunção* se deve justamente ao fato de que não é possível dizer toda a verdade. "[...] toda a verdade é o que não se pode dizer. É o que só se pode dizer com a condição de não a levar até o fim, de só se fazer semidizê-la" (LACAN, 1972/1973, p. 124).

---

26   Essa questão foi trabalhada no Capítulo 1.
27   Lacan, em suas formulações sobre o tempo lógico, postula a existência de três tempos distintos da intervenção analítica: o instante de ver, o tempo de compreender e o momento de concluir. Para este tema em Lacan, ver: LACAN, J. O tempo lógico e a asserção de certeza antecipada. *In*: LACAN, J. *Escritos*. Rio de Janeiro: Jorge Zahar, 1998. Ver também: PORGE, E. *Psicanálise e tempo: o tempo lógico de Lacan*. Rio de Janeiro: Companhia de Freud, 1998.

Os meios pelos quais o homem pode aceder à verdade têm sido tema de debates nas ciências e na filosofia desde seus primórdios. Não é uma questão à qual a psicanálise se furta. Desde a invenção do inconsciente freudiano sabemos que há algo em nós que desconhecemos e que, ao mesmo tempo, nos determina. Mas como ter acesso a essa verdade que nos escapa? Como ultrapassar os limites dos subterfúgios que muitas vezes nós mesmos criamos justamente para continuarmos alienados dela?[28]

Para os pensadores do empirismo crítico interessava investigar como é possível ao ser humano obter conhecimento sobre o mundo, aceder à verdade, sem, contudo, recorrer às autoridades da Igreja ou a Aristóteles, como na Idade Média. Com a ascensão da lógica, passa-se a aceitar a ideia de que cada um pode tentar descobrir as coisas por si. Descartes (1596-1650) foi figura fundamental dessa época. Para responder sua pergunta a respeito de qual seria a primeira verdade, postulou que, em primeiro lugar, era necessário eliminar tudo aquilo que pudesse enganá-lo. Levando a dúvida até as últimas consequências, ele termina por concluir que sua única certeza era a de que duvidava, tudo o mais poderia ser ilusão autoenganadora. Por meio dessa única certeza, chega ao famoso *cogito* cartesiano: "penso, logo existo" (*cogito, ergo sum*).

Descartes, esclarece Ribeiro (1995), representa muito bem as premissas que fundam a Modernidade, visto que, a partir de seu pensamento, o sujeito adquire um grau inédito de soberania,[29] tornando o *eu* o único responsável pelo pensamento e ação dos indivíduos. Partindo de uma concepção de autonomia da consciência, sua busca do fundamento último da verdade não prescinde, no entanto, de uma metafísica: apesar da liberdade atribuída ao homem para a busca da verdade por meio da razão, é Deus quem permite que ele não se engane.

Embora ainda precise da garantia divina, Descartes faz uma inversão de perspectiva considerada revolucionária. Antes dele, a verdade se manifestava fora do âmbito do sujeito, que poderia acercar-se dela por meio do filosofar ou da fé. A partir de Descartes, é o sujeito

---

28 No Capítulo 5, falaremos mais sobre isso, quando abordaremos a questão da paixão do homem pela ignorância.
29 Voltaremos a esta questão do homem moderno nos Capítulos 4 e 5.

quem descobre as verdades, o que o joga numa independência radical (RIBEIRO, 1995).

As contradições encontradas no pensamento cartesiano deram margem a várias leituras diferentes. A que tende a predominar é aquela que reduz o sujeito cartesiano ao sujeito da ciência. Isso justificaria denominá-lo como o "pai" da Modernidade, já que os principais traços dessa época se encontram no seu pensamento – a crença na liberdade do sujeito e no progresso cumulativo da ciência. No entanto, Ribeiro (1995) ressalta que tal leitura ignora o que há de mais inovador em Descartes: o fato de que seu pensamento se encontra centrado na ideia de *sujeito*.

Um mérito da filosofia cartesiana é considerar a dificuldade de estabelecer uma teoria definitiva acerca da relação entre sujeito e verdade. Mesmo sem ser esta sua intenção, a filosofia de Descartes termina por revelar que o pensamento não pode aceder a uma verdade absoluta, a não ser pela via da fé. Enfim, "é o fato de o pensamento cartesiano constituir a origem dos impasses que marcam a subjetividade contemporânea, que o torna importante para a psicanálise" (RIBEIRO, 1995, p. 78).

É bastante conhecido o trocadilho a partir do *cogito* cartesiano que faz Lacan (1957, p. 81): "Penso onde não sou, portanto sou onde não me penso". O que ele vem apontar com isso é justamente a grande virada que faz Freud ao introduzir o inconsciente. Depois de Freud, o eu é deslocado do lugar central que ocupava na filosofia clássica. Condenado à alienação de si mesmo no Outro, o sujeito ignora aquilo que é da ordem do seu desejo, sua verdade inconsciente. O sujeito é onde *não pensa*, porque é exatamente ali onde a razão lhe escapa, na rachadura, na falha, no inesperado, no que foge de seu controle, que o inconsciente emerge, revelando sua verdade. Por isso, aquilo que vem do inconsciente, suas manifestações, geralmente têm efeito de surpresa ou estranhamento para o sujeito, pois nestes momentos ele se depara com algo de si que ele mesmo desconhece.

Freud (1983) adverte que a equivalência entre eu e consciente não é possível. É nessa perspectiva que Lacan (1954/1955), ao longo do Seminário 2, dedica-se à noção de eu.[30] Ele compara a descoberta freudiana do inconsciente a uma outra revolução copernicana,[31] na medida em que ela traz um novo descentramento do sujeito. Assim, o eu não seria esta entidade coerente, consciente, detentora de uma unidade, que garantiria uma identidade. Essa aparente consistência egóica seria da ordem do imaginário: "O inconsciente escapa totalmente a este círculo de certezas no qual o homem se reconhece como um eu" (LACAN, 1954/1955, p. 15).

Assim, Lacan (1954/1955) discorda da leitura que muitas vezes é feita de Descartes de que a ordem do mundo estaria segura por meio da razão. O que ele aponta é justamente a insuficiência dessa categoria de eu e o quanto o seu lugar não está assim tão claro. Afinal, que eu é esse do *eu penso* cartesiano? Para dar conta desta pergunta, é necessário trabalhar a diferença existente entre sujeito do enunciado e sujeito da enunciação.

3.3. Enunciado e enunciação

Em uma análise interessaria mais saber *de onde* fala o analisando, de que lugar, do que propriamente *o que* ele fala. Quando nos perguntamos sobre a posição daquele que enuncia, destacamos as condições de enunciação sobre o enunciado. Para Lacan (1954/1955), o sujeito do inconsciente (*Je*) estaria na enunciação e não no enunciado.

A enunciação seria, em termos linguísticos, o ato de enunciar, e o enunciado, o resultado deste ato de enunciação, uma criação do sujeito falante. O sujeito do enunciado é o sujeito gramatical, ele normalmente atualiza-se pelo uso do pronome *eu*. Contudo, há também enunciados que neutralizam esta presença subjetiva, sobretudo os científicos que, com o intuito de buscar maior neutralidade, impõem uma distância entre o sujeito do enunciado e a enunciação (por exemplo, os enunciados nos

---

30 Tal como consta nas Notas do Tradutor desse Seminário, Lacan utilizou-se da distinção existente na língua francesa entre os pronomes pessoais da primeira pessoa, o *Je* e o *Moi*, para diferenciar o sujeito do inconsciente (*Je*), de sua função imaginária (*Moi*). Na língua francesa, o *Je* funciona unicamente como sujeito, enquanto o *Moi* pode ocupar todas as funções, inclusive a de sujeito. A solução encontrada pelo tradutor foi a de utilizar o [*eu*], entre colchetes, toda a vez que se tratar do *je*, e simplesmente *eu*, quando se tratar do *moi*.
31 Nicolau Copérnico, astrônomo e matemático polonês, rompe com mais de dez séculos de domínio do geocentrismo ao colocar o sol no centro (teoria heliocêntrica). A terra seria apenas mais um entre outros planetas que giram em torno do sol.

quais o sujeito está oculto: "diz-se que..."). Tal distanciamento, apesar de tender a diminuir quando o sujeito diz *eu*, ainda assim não desaparece, uma vez que este *eu* não passa de um representante do sujeito no discurso.

Dor (1990) coloca que esta oposição entre o sujeito do enunciado e o sujeito da enunciação termina por duplicar a oposição existente na divisão do sujeito, o *Je* e o *Moi* dos quais falamos anteriormente. Assim, tanto o sujeito quanto sua verdade advêm pela linguagem, no próprio ato da articulação significante, ou seja, pela enunciação. A oposição enunciado/enunciação, ou dito/dizer, ao atualizar a divisão do sujeito, impõe a ele a dimensão do não saber:

> O inconsciente emerge, pois, no dizer, ao passo que no dito a verdade do sujeito se perde, por somente aparecer sob a máscara do sujeito do enunciado, no qual ela não tem outra saída, para se fazer ouvir, senão se meio dizer. (DOR, 1990, p. 118)

Uma vez que a enunciação está invariavelmente "presa" a um enunciado, mascarada por ele, a verdade nunca pode ser dita em sua totalidade, ela é sempre parcial. No Seminário 20, Lacan (1972/1973) lembra que o termo verdade tem origem jurídica. As testemunhas, ainda nos dias de hoje, são convocadas a dizer "toda" a verdade, como se isso fosse possível. A verdade seria, então, um ideal do qual a palavra se faz suporte, mas que não se atinge em sua totalidade.

Lacan (1964), no Seminário 11, abordará essa questão da importância do sujeito da enunciação para a psicanálise, trazendo um enunciado de difícil resolução para a filosofia: quando alguém diz *eu minto*, está mentindo ou dizendo a verdade? Se assumo estar mentindo, então isso não é uma verdade? O autor coloca como "absurdo" de um "pensamento logicista demasiado formal" (p. 132) o fato de os filósofos considerarem tal enunciado como uma "antinomia da razão", visto que "o *eu* que enuncia, o *eu* da enunciação, não é o *eu* do enunciado" (p. 133).

> Nesse caminho de tapeação em que o sujeito se aventura, o analista está em posição de formular esse *você diz a verdade*, e nossa interpretação jamais tem sentido senão nessa dimensão. (LACAN, 1964, p. 133)

Enfim, a verdade do sujeito independe do que diz o sujeito do enunciado. Este pode estar mentindo, e essa mentira será sua verdade do ponto de vista da enunciação. A verdade do sujeito, ela emerge na sua fala, sem que ele se dê conta disso, diga ele o que disser. Por isso, para a psicanálise não se trata de conferir com a realidade se o sujeito mente ou diz a verdade, importa, sim, a quem se endereça tal enunciado e de que lugar de enunciação o sujeito implicado fala.

Como exemplo disso, trago o caso de uma menina de cinco anos que, ao me perceber grávida, afirma que sua mãe também está esperando um bebê. Embora essa não fosse uma verdade factual, sua afirmação dizia algo sobre sua verdade inconsciente, material que seria desperdiçado pela analista se a fala dessa criança fosse tomada como "mentira" a ser confrontada. Abrir espaço para escutar o que tal construção fantasiosa revela sobre o sujeito do inconsciente nos aproxima de seu lugar de enunciação, enquanto se preocupar com a veracidade factual do enunciado facilmente nos levaria para um caminho enganoso.

Em outro caso, trazido por uma aluna em formação para supervisão, um menino de seis anos diz em sessão que sua avó materna havia morrido quando ele ainda estava dentro da barriga da mãe. Em conversa com a mãe do menino, a supervisionanda descobre que a história não se confirma. A aluna vem para a supervisão preocupada com a "mentira" do menino e conta tê-lo confrontado. Eu a interpelo dizendo que ela havia perdido uma bela oportunidade de trabalho com a realidade psíquica. O que ele estava dizendo quando afirmava ter crescido em uma barriga enlutada? Essa era a verdade que valia a pena investigar.

Segundo Lacan (1964), práticas analíticas que ficam presas ao eixo imaginário – levando em conta apenas a relação de eu a eu que ali se estabelece – terminam por preocupar-se com a possibilidade de o analisando "enganar" o analista, sem se dar conta de que não é a relação com a realidade que está em jogo. É importante ainda salientar que não se trata de tomar o inconsciente como um código paralelo (ou como algo que surge das profundezas), ao qual acessamos toda vez que cometemos um ato falho. O sujeito inconsciente da enunciação está na fala, ele é a condição para que se fale.

> [...] Este sujeito está falando em mim, está mesmo, diria, sustentando a minha fala, e na minha fala a significação que eu estou produzindo é justamente o que oculta o lugar do qual eu falo, de onde eu estou falando. (CALLIGARIS, 1991, p. 178)

Desse modo, o lugar do qual o sujeito fala não é evidente, e toda a significação do que diz tende a camuflar ainda mais este lugar. Assim como no caso do enunciado *eu minto*, Lacan (1964) propõe que coloquemos o *cogito* cartesiano sobre este mesmo esquema, considerando a diferença de lugares do sujeito do enunciado e do sujeito da enunciação. Feito isso, a certeza do *eu penso*, como enunciado, da mesma maneira que o *eu minto* já não quer dizer nada.

> A crítica que Lacan faz a Descartes é de que o sujeito não nasce no *cogito*, pelo contrário, é um sujeito que o enuncia. E, se aí existe alguma verdade em jogo, ela não pode ser encontrada no enunciado, mas, sim, nas condições de enunciação, marcadas pela dúvida e pelo desejo. (RIBEIRO, 1995, p. 57)

Quando pensamos no sujeito que se narra, uma das questões interessantes que surge é justamente a oportunidade de ocupar diferentes posições em relação à história que é narrada. Enquanto um diálogo coloca-se como uma troca de palavras entre interlocutores enunciativamente estáveis, como coloca Rudelic-Fernandez (1993, p. 724):

> [...] uma fala ou um texto narrativo distingue-se, precisamente, pela complexidade do lugar enunciativo que o sujeito nele ocupa em relação a seu próprio discurso: sujeito da enunciação ou do enunciado, autor, narrador ou personagem, o sujeito aparece ali, simultaneamente, em diversos níveis enunciativos, e a narratividade do texto deriva, não de um lugar enunciativamente estável e definível que o sujeito ocupe em relação a seu discurso, mas da série de deslocamentos enunciativos que se operam nele continuamente e que o relato é o único capaz de gerar.

3.4 O ato analítico

Como vimos, para Freud (1926), na análise, falamos sobre o que não sabemos. Para Lacan (1972/1973), o inconsciente é um saber que não se sabe, e a verdade do sujeito do inconsciente se coloca ali onde ele não pensa. Também a intervenção do analista está marcada por um saber que se atrasa. Assim, a dimensão de não saber está colocada em uma análise para ambos os lados: analisando e analista. Para Lacan (1967/1968), a intervenção do analista na análise é um ato que não pode ser calculado, programado, mas emerge na situação analítica, causando surpresa para ambos os envolvidos. O ato analítico, tão imprevisível quanto provocador, teria como efeito o rompimento da repetição, permitindo um remanejamento da estrutura psíquica. No entanto, o analista só tem acesso aos efeitos de seu *ato* ao longo do trabalho analítico, em um tempo *a posteriori*.

Quinet (1991) resume as três principais características do ato analítico, assim como expostas por Lacan no Seminário 15:[32] ele se situa no campo da linguagem, é promotor de ultrapassamento (ou seja, provoca mudança radical no sujeito) e é acéfalo. Na medida em que se desvincula do pensamento, o ato é um agir sem pensar que se aproxima ao aspecto acéfalo da pulsão. Ele é incalculável e incontrolável, nas palavras de Quinet (1991, p. 120): "O sujeito que pensa não age", lembrando da hesitação característica do neurótico frente ao ato, ilustrada por Hamlet.

> O ato está do lado do ser e é correlato a um "não penso" que completamos com o *cogito* lacaniano por um "não penso, logo sou". Não existe, portanto, subjetivação do ato a não ser a *posteriori*: só depois do ato o analista poderá interrogar-se sobre o que o fez agir e dar a razão desse ato em uma construção.

Assim, a mesma surpresa que encontramos diante de um ato falho, está posta para o ato analítico. "Quer o faça rir ou ter vergonha dele, aquele de quem um lapso escapa se pergunta de onde lhe vem este não sabido que aflora: a causalidade permanece neste momento suspensa

---
32 LACAN, J. O Seminário. Livro 15. *O ato analítico*. 1967/1968 (inédito).

num vazio" (POMMIER, 1992, p. 59). Assim como o ato falho demonstra que o desejo inconsciente vai sempre mais longe do que as intenções conscientes, o ato do analista também não é intencional, não se sustenta a partir de um saber prévio. O analista, no momento mesmo do ato, "não sabe" o que está fazendo, não o pensa, não o planeja.

Se analista e analisando encontram-se, ambos, alienados da verdade inconsciente daquele que procura a análise, isso não quer dizer que os esforços por parte do analista em adquirir conhecimento sejam desnecessários ou sem efeitos para sua clínica. Como vimos antes, não se trata de abrir mão de um referencial teórico, tampouco de colar-se a ele. Freud (1926) já salientava que a teoria psicanalítica é sempre falha e incompleta diante da clínica, o que coloca para o analista o desafio diário de "reinventar" a psicanálise diante de cada novo paciente. O analista conhece algo sobre a lógica do inconsciente, sobre as regras técnicas e éticas do jogo analítico, mas desconhece como esta lógica se apresenta e se apresentará na singularidade de cada sujeito. Portanto, não basta que seja um grande conhecedor da psicanálise, precisa também saber não saber.

3.5 Posição do analista

> Claro que é preciso considerar que se passa por diferentes momentos na formação, que as inseguranças se transformam, são acalmadas; mas acredito que mesmo com o andar da carruagem as abóboras não se acomodam.
> (Ana Costa, *Clinicando: escritas da clínica psicanalítica*)

E como é que se "aprende" a "saber não saber"? As questões que envolvem a formação do analista e a transmissão da psicanálise constituem um enorme debate dentro do movimento psicanalítico, do qual não pretendemos dar conta no espaço deste escrito. Faremos, no entanto, um pequeno recorte de tal questão para que, levando em consideração tudo o que dissemos até aqui, possamos dizer algo mais sobre a posição do analista: que é na análise que se faz um analista, parece ser um consenso entre analistas de diferentes escolas, mesmo que eles divirjam sobre muitos outros aspectos concernentes à formação. No seminário sobre "O ato analítico", Lacan (1967-1968) diz que o ato analítico por excelência é o do final da análise, aquele que produz um analista.

Para que haja análise é necessário que se instaure a transferência. Um analisando só levará adiante o trabalho de análise se puder supor que seu analista sabe sobre o que lhe faz sofrer e tem a chave para aliviar sua dor. O analista, ancorado pela comunidade psicanalítica a qual está referido e pelo desejo do analista, sustenta a ilusão de que tem o que o analisando acha que ele tem, "dá o que não tem", sem, no entanto, encarnar o saber que lhe é suposto. Seu lugar, diz Lacan (1967-1968), é o lugar do semblante.

Mas o que isso quer dizer? Bataille relata um episódio de sua clínica que é interessante para pensar tais questões. Trata-se de um paciente que, ao entrar pela primeira vez em seu consultório, pede-lhe fogo. Ela hesita quanto ao que fazer e seu texto é uma reflexão sobre esta hesitação:

> [...] sentia-me visada, atribuía-lhe intenções como se tivesse estado dentro de sua cabeça. Estava num discurso de eu para eu, agressivo. De repente, quando esse homem me pediu fogo, só pude me referenciar ao preconceito de que um analista não deveria dar fogo a um eventual paciente. Aí está: eu fingia ser analista. E o mais engraçado é que, no próprio momento em que era dominada pela preocupação de estar numa posição de analista, esquecia que o era [...]. (BATAILLE, 1994, p. 14)

Ao tentar representar aquilo que seria um analista, ela coloca na posição de semblante, em vez de "semblante de nada", a imagem de uma analista. O que se confundia ali, segundo a autora, é que o desejo que se colocava em questão não era o desejo *do* analista, mas o desejo de *ser* analista:

> Cada vez que atribuo ao paciente uma intenção, um pensamento que ele não diz, estou fora da posição de analista. Cada vez que me sinto visada como sujeito pelo paciente, estou fora da posição de analista. Cada vez que tenho vontade de representar alguma coisa para o paciente, ainda que seja representar um analista, estou fora da posição de analista. E, a

> cada vez, isso deve me advertir de que não é o meu desejo de analista que está em jogo. (BATAILLE, 1994, p. 14)

Freud (1915) já alertava para o fato de que não é a pessoa do analista que está em questão na análise. Assim, de nada adiantaria interromper o tratamento porque a paciente apaixonou-se pelo médico, pois isso ocorreria novamente com o outro médico a ser procurado. O autor compreende que "o enamoramento da paciente é induzido pela situação analítica e não deve ser atribuído aos encantos de sua própria pessoa" (FREUD, 1915, p. 210). O amor transferencial não é um amor novo, "compõe-se inteiramente de repetições e cópias de reações anteriores, inclusive infantis" (p. 217).

A importância que Freud sempre deu à abstinência ou à dita neutralidade – tantas vezes mal interpretada como a necessidade de manter os móveis do consultório no mesmo lugar, caricaturada por uma expressão facial imutável ou um silêncio mortífero que o analista teria que se empenhar em sustentar –, diz algo sobre a posição do analista, a importância de não estar na transferência como pessoa ou responder ao analisando como se partilhassem de um laço social qualquer. "O médico deve ser opaco aos seus pacientes, como um espelho, não lhes mostrar nada, exceto o que lhe é mostrado" (FREUD, 1912, p. 157).

Não se trata de ter vários ternos da mesma cor ou de não poder mexer na mobília. Ocupar o lugar de semblante é poder ser nada, é poder estar na relação transferencial não como um sujeito. O que permite ao analista abrir mão de sua condição de sujeito na condução de uma análise é justamente o processo de destituição subjetiva que sofreu em sua própria análise. A queda do sujeito-suposto-saber que está em jogo no final da análise é o fim da ilusão que a sustentava e um encontro do analisando com a castração do Outro, bem como com a sua própria. Ao mesmo tempo em que o analista é colocado no lugar de objeto, de resto, de dejeto, de um significante qualquer, as amarras que ligavam o sujeito ao Outro são desfeitas. O sujeito se depara com o lugar do Outro como vazio e cai de sua posição fantasmática.[33]

---

33 Este tema será retomado no Capítulo 5.

Assim, o sujeito que passou pela experiência de deixar cair o sujeito-suposto-saber, relegando seu analista a dejeto, coloca-se agora ele próprio em posição de sustentar que um saber lhe seja suposto, ainda que o fim disso seja justamente que ele próprio chegue ao mesmo lugar de dejeto ao qual relegou seu analista.

Lacan (1967) é um grande crítico da maneira como as instituições psicanalíticas pensam a questão da formação. Questiona a hierarquia e as formas de exercer poder que estão entrelaçadas, por exemplo, na prática da análise didática. Propõe novas formas de organização institucionais, como o estudo por meio de cartéis e a instauração do dispositivo do passe. Alega que chamar uma análise de didática seria uma redundância, já que qualquer análise é didática no sentido de que tem como produto final um analista. Denuncia que o desejo do analista se perde em meio a uma burocratização do percurso de formação.

Entre todas essas críticas e propostas inovadoras, destacaremos o famoso e polêmico aforismo que diz "um analista só se autoriza de si mesmo".[34] Esta máxima produziu e produz inúmeros equívocos, um deles apontado por Octavio de Souza (1985), em texto intitulado *Sobre o "autorizar-se" e seu reconhecimento*. Souza afirma que uma das interpretações equivocadas desta sentença seria a de que o analista se autorizaria por meio de seus analisandos, por meio do reconhecimento que estes lhe dariam. Esta busca de reconhecimento do lugar de analista no analisando, traz à tona a confusão, já comentada a partir do episódio trazido por Bataille (1994), entre o desejo *do* analista e o desejo de *ser* analista:

> O grande problema é que numa relação estabelecida deste modo, o desejo que se diz em busca de reconhecimento é justamente o desejo do analista de ser analista. Se ele quer ser analista o problema é dele, e o analisando não tem nada a ver com isso. O desejo de *ser* analista remete o analista a sua própria análise e não ao seu lugar de analista. (SOUZA, 1985, p. 221)

Procurar reconhecimento na relação analítica impede o aspirante a analista de ocupar a posição que almeja, uma vez que é como

---

34 LACAN, J. Proposição de 9 de outubro de 1967. *In*: LACAN, J. *Outros escritos*. Rio de Janeiro: Jorge Zahar, 2003.

sujeito que ele termina se colocando. E colocar-se como sujeito na relação transferencial é levar a análise para o campo das relações intersubjetivas, ou seja, manter-se no campo da transferência imaginária, da relação eu a eu.

Dito tudo isso, fica uma pergunta: se o ato analítico, por excelência, é aquele que produz um analista no final de uma análise, seria necessário chegar ao fim dela para poder autorizar-se como analista? Para respondê-la, continuaremos acompanhando o debate levantado por Souza. O autor aponta que um dos enganos que envolvem a questão da autorização está em conceber a autorização como algo que precede o analista, ou seja, não se pode falar de uma autorização *ao* ato, o que há é autorização *pelo* ato. "Não se trata de que o analista se autorize *a partir* do seu ato, mas sim de que possa autorizá-lo *como* ato" (SOUZA, 1985, p. 223 – o grifo é meu). A autorização é, poderíamos dizer, simultânea ao ato, e este é sempre um momento solitário e impossível de ser programado, cujas consequências só se dão a ver *a posteriori*. Por isso é que diz Lacan (1967, p. 311) "*o analista* só se autoriza de si mesmo", e não "*alguém* só se autoriza de si mesmo". Dito de outro modo, se há autorização, é porque já havia ali um analista.

Assim, de nada adiantaria que o analista esperasse o fim de sua análise para começar a clinicar. Ele, de qualquer maneira, estaria exposto aos riscos contidos em um ato, às surpresas colocadas por cada análise. Nesse sentido, não há um momento no qual se daria uma autorização de uma vez por todas, mas um trabalho constante e eterno de autorização.

> É por ocupar o lugar de analista em uma cura que desenrolam diante de si os efeitos do seu ato de recolocar o sujeito-suposto-saber, que o analista, por se deparar com a impossibilidade de autorizar-se quer seja pela nomeação conferida por um outro, quer seja por uma teoria já estabelecida, irá se encontrar na urgência de uma autoria teórica que regre a relação dos seus ditos com a sua prática. (SOUZA, 1985, p. 223)

Trago aqui uma pequena situação clínica que data do início de minha prática e que pode ser útil para pensarmos tais questões. Eu havia concluído a graduação recentemente em Psicologia e, até então, só havia clinicado dentro da clínica-escola da universidade, desde a posição "confortável" de estudante. O atendimento dos primeiros pacientes em consultório particular trazia um novo desafio: eu não contava mais com o respaldo da instituição e nem com a desculpa de ser mera "aprendiz". Escutava esse jovem paciente já há alguns meses, quando comecei a considerar sua passagem ao divã. Ele vinha dando indícios de que poderia sustentar tal passagem. Mas eu estava cheia de dúvidas. Nunca havia feito isso antes – trabalhávamos frente à frente na clínica da universidade – e era algo que tinha um peso para mim, porque sentia que dizia respeito também a uma mudança no meu lugar. Certamente entrava em questão um imaginário "inflado" do que era um analista, o uso do divã aparecendo como um marcador de que "agora era para valer", de que me tornaria uma analista "de verdade". Era necessário um "autorizar-se" e, naquele momento, achava que só pela supervisão isso seria possível. Traduzindo nos termos que acabamos de trabalhar, era como se eu esperasse uma autorização prévia a meu ato.

Recebo este paciente mais uma vez antes do horário de supervisão que já havia marcado, durante o qual pretendia debater com minha supervisora a possível passagem ao divã deste rapaz. Como de costume, ele senta na poltrona a minha frente e, nesse dia, começa a falar sobre um sonho que tivera na noite anterior, no qual estava deitado em um sofá e ouvia a minha voz. Em um ímpeto, convido-o a deitar-se no divã, tão surpresa quanto ele com meu ato. Tomada por uma urgência precipitada pelo relato do sonho e suas associações, achava que não deveria deixar aquele momento passar. Lembro também do sentimento de imensa responsabilidade, como se tivesse ficado claro para mim que, por mais importante que fosse a supervisão, os meus estudos teóricos, ou a minha própria análise, nada disso me dava garantia alguma sobre a condução dos casos. Eu não podia sair correndo da sessão para perguntar a alguém o que fazer!

O sentimento seguinte foi de culpa. Como podia ter sido tão ousada? Não teria sido uma grande irresponsabilidade tomar tal atitude sem o aval de minha supervisora? Cheguei até a supervisão e, como se me desculpasse, fui contando sobre o que havia se passado na última sessão e sobre como eu havia pensado em falar com ela sobre isso antes, quando fui interrompida: *Mas, como assim? A passagem para o divã é um ato. Não poderíamos tê-lo programado!*

Sua intervenção reafirmava a radicalidade da minha própria responsabilidade e a impossibilidade de existir autorização prévia ao ato. Dito isso, tal episódio também aponta para a importância da supervisão como lugar de testemunho do ato analítico em um momento *a posteriori*, como um espaço privilegiado no qual um analista pode compartilhar suas angústias e recolocar o elo que o liga a um referencial teórico, a uma comunidade de analistas, à psicanálise de modo geral. Uma vez que cada analista está referido simbolicamente à psicanálise enquanto trabalha, não está tão sozinho quanto pode parecer. Diz Kehl (2009, p. 224): "O psicanalista é alguém que trabalha por sua conta e risco, sozinho, sim, mas jamais solitário". Ao aceitar analisar um paciente e enunciar a regra fundamental, como coloca Nasio (1999, p. 13), "um analista transmite ao paciente a sua própria relação simbólica com a psicanálise". Ele transmite "a relação que ele tem com a história da psicanálise, com os escritos psicanalíticos, com os ideais e até com a coletividade psicanalítica". Lembremos o famoso aforismo "um analista só se autoriza de si mesmo", a que acrescenta mais tarde Lacan (1973) "com alguns outros".[35]

E esta função de testemunho continua aqui, neste terceiro momento, afastada temporalmente do episódio acima descrito, no *après-coup* de meu ato e do momento de supervisão. A busca pela sustentação teórica da prática clínica pela escrita – mais um elo do tripé de formação de um analista[36] – e o papel de compartilhamento da experiência que a produção escrita possibilita são de fundamental importância para a prática psicanalítica e para a infinita formação de um analista. Mauro Mendes Dias (2012) propõe três fatores que sustentam a função analista: a análise do analista, a relação que o psicanalista mantém com o

---

35 No Seminário 21, *Les non-dupes errent*.
36 DIAS, Mauro Mendes. *Os ódios*. São Paulo: Iluminuras, 2012.

saber e a relação com o público, que inclui a relação com a comunidade analítica, que se daria basicamente por meio da publicação, da escrita.

Se esta pequena vinheta clínica carrega a marca do início da prática psicanalítica – momento naturalmente cheio de incertezas –, o percurso teórico feito até aqui sugere que o não saber que acompanha o ato analítico não se restringe ao analista iniciante, mas acompanha qualquer analista, ao longo de toda a sua prática, por mais experiente que ele se torne. É inevitável que ele continue sempre, diante de cada novo sujeito a que se propõe escutar, num esforço contínuo de dar conta de seus atos – impossíveis de programar –, cujos efeitos não pode prever. Nesse sentido, não há nunca um analista pronto, "formado", "autorizado" de uma vez por todas, mas alguém em constante trabalho de autorização.

4. O AUTOBIOGRÁFICO, A NARRATIVA E A ANÁLISE

> Falo por palavras tortas. Conto minha vida, que não entendi.
> O senhor é homem muito ladino, de instruída sensatez.
> Mas não se avexe, não queira chuva em mês de agosto.
> Já conto, já venho – falar no assunto que o
> senhor está de mim esperando. E escute.
> (João Guimarães Rosa, *Grande Sertão: Veredas*)

> Tudo o que eu não invento é falso.
> (Manoel de Barros, *Memórias inventadas: a infância*)

4.1 Quem conta um conto aumenta um ponto

Diz o ditado que quem conta um conto aumenta um ponto. Entre outras coisas, este dito popular denuncia que ao contar uma história, nossa subjetividade fica de tal maneira enredada nela que já não é mais possível narrá-la da mesma forma como nos foi contada. E o que dizer da maneira como contamos nossa própria vida? Não é incomum que uma mesma situação familiar seja relatada de maneiras diversas por cada um dos membros que a tenha vivenciado. As várias versões de uma mesma história costumam ser ponto de conflito nas discussões familiares e denunciam o quão subjetivas são as vivências de cada envolvido. Nosso exercício diário de construção da própria vida, nossa autobiografia, não se faz de fatos históricos separáveis da maneira singular como os tomamos e da forma particular como os narramos. Dito de outro modo, não há outra maneira possível de contar-se, a não ser por meio de ficções.

O filme *Peixe Grande*[37] fala sobre um pai que tinha a mania de romancear os acontecimentos cotidianos de sua família. Diante do leito de morte do pai, o filho parece querer tirar algumas histórias a limpo. Confuso com a ideia de levar como herança um apanhado de lendas sem pé nem cabeça que o pai contava como acontecimentos reais de sua vida, ele clama que o pai lhe diga a verdade. Mas o pai não faz mais que repetir os mesmos enredos mirabolantes que o filho já sabe de cor, o que o irrita profundamente, ao mesmo tempo que faz sua esposa ficar fascinada pelo sogro.

No início do filme, o filho-narrador nos adverte que, ao contar esta história, "é difícil separar fatos de ficção, o homem do mito". Decide pelo único caminho que acha possível, contá-la como o pai lhe contou. "Ela nem sempre faz sentido e a maior parte nunca aconteceu. Mas esse é o tipo de história que essa é", introduz o filho. Ao longo do filme, somos capturados pela incrível habilidade do pai de falar da vida de forma tão fantástica. Somos também cúmplices de uma transformação em relação às preocupações iniciais do filho. Saber se as histórias são verdadeiras ou não vai perdendo a relevância, pois, como coloca Calligaris,[38] o filho descobre algo bem mais importante, ou seja, que a herança que o pai lhe propõe é uma paixão pela vida. O filme faz Calligaris lembrar do próprio pai:

> Durante 50 anos, meu pai manteve um diário. Sob pretexto de que sua caligrafia era ilegível, ele ditava o texto para minha mãe. Às vezes, eu ficava escutando atrás da porta. Odiava (e me fascinava) a transformação que as

---
37 *Big Fish*, de Tim Burton, 2003.
38 CALLIGARIS, C. *Peixe grande e a paixão pela vida*. Artigo publicado em sua coluna no jornal Folha de São Paulo, no dia 26 de fevereiro de 2004.

> palavras do diário impunham a acontecimentos que eu tinha presenciado e que foram, a meu ver, insignificantes. Na descrição do meu pai, a banalidade do cotidiano se tornava uma vasta produção teatral cujo tema maior era sempre, aliás, o seu amor pela minha mãe. [...] Quando meu pai morreu, fiquei com seus diários. Leio de vez em quando. Não procuro informações sobre sua vida, apenas o segredo de sua paixão de viver e de amar.

Junto ao tema da transmissão da paixão pela vida, este filme e este recorte do artigo de Calligaris apontam que o que nos chega como nossa história se faz quase como um romance, escrito a muitas mãos, como fica claro pelos estudos relativos à transmissão psíquica *transgeracional*.[39] Parafraseando Freud (1909 [1908]), trata-se de um "romance familiar", que inclui as fantasias e os ideais perdidos de vários personagens, versões mais ou menos apaixonadas de cada um sobre a vida. Nesse jogo de telefone sem fio no qual nos inserimos, as histórias correm em um desdobramento infinito, sem que seja possível separar fato de ficção. Cada participante contribui com sua própria subjetividade, podendo aumentar um ponto, diminuir outro, dar um colorido a mais aqui, omitir algo acolá.

Na última cena do filme, temos o filho do filho contando aos amigos as histórias do avô que não chegou a conhecer, mas que se faz presente em sua vida justamente em seu maior legado: dar às histórias familiares um colorido especial. Enquanto reconta animadamente as peripécias do avô aos amigos, pede a confirmação do pai sobre um detalhe ou outro que lhe escapou. Seu pai responde prontamente, deixando evidente que passou também ao próprio filho as tais histórias que antes tanto o incomodavam. É neste momento que o narrador (antes no lugar de filho, agora no lugar de pai) diz: "Um homem conta suas histórias tantas vezes que ele se torna essas histórias. Elas vivem para além dele e dessa forma ele se torna imortal".

A transmissão implicada aí nos faz pensar na função que tais narrativas têm para um sujeito, na forma como ele as escuta e incorpora no tecer de sua própria história. Se não há uma vida feita de fatos,

---

39 Ver Capítulo 2, item "O não resolvido da geração anterior".

separada da forma como a contamos, isso nos leva a ter que considerar sempre a dimensão do ficcional presente em nossas histórias reais. Como já foi dito, o falar de si mesmo envolve questões complexas que vão desde uma impossibilidade de acessar o que "realmente aconteceu", até as dificuldades impostas pela posição de alienação na qual um sujeito se encontra diante de si mesmo. Quando um analisando se lança, seguindo a regra da associação livre, a falar de si, o que acontece com sua história? Em que medida podemos dizer que a análise produz uma construção narrativa? E, nesse sentido, como ela se relaciona com o autobiográfico? Que tipo de construção narrativa seria essa?

Seja por meio do teatro, do cinema, da literatura, da televisão ou mesmo pela transmissão oral, o ser humano sempre teve um laço muito estreito com as histórias[40] que conta e que lhe são contadas. Desde muito pequenos embarcamos nas delícias do mundo de ficção e não tardamos em passar a inventar nossos próprios enredos, tenham eles a intenção de serem "meras ficções" ou carreguem a pretensão de ter um caráter autobiográfico. Dos contos de fada aos grandes romances, das lendas familiares às meias-verdades sobre nossos antepassados, somos afetados por um emaranhado de histórias que se tornam a matéria-prima para "inventar" a própria vida cotidianamente.

4.2 A Modernidade e a construção autobiográfica

Enquanto nas sociedades tradicionais havia pouco espaço para a construção de um estilo de vida próprio e individualizado, tal construção é um verdadeiro imperativo da Modernidade. Nossa biografia é retirada da determinação imposta pelas sociedades tradicionais e colocada em nossas próprias mãos. (BECK, 1992). Como coloca Giddens (1991), na Modernidade, o *self*[41] se torna um "projeto reflexivo". A pluralidade de escolhas, característica da Modernidade, aplica-se também ao *self*, que precisa ser constantemente construído a partir de uma enorme e confusa gama de opções. Se, por um lado,

---
40 A gramática da língua portuguesa recomenda o uso da grafia "história", mesmo quando nos referimos à ficção, caso em que a língua inglesa, por exemplo, usa a palavra "estória".
41 Embora, ao longo do trabalho, não façamos uso do termo *self*, a referência a ele será mantida sempre que o autor em questão a utilize, como é o caso aqui.

somos influenciados por estilos de vida "prontos",[42] oferecidos pela cultura contemporânea, em especial pela mídia, cabe a nós, mais do que nunca, a montagem de todas essas influências em uma vida que deve ser, antes de mais nada, "original" (RUSTIN, 2000). Desgarrado da tradição que oferecia ao sujeito um lugar, o neurótico está, diz Kehl (2001b, p. 17): "Condenado a sofrer porque supõe que pode e deve escrever, sozinho, a história de sua vida, dotando-a de algum sentido". O que ele ignora "é justamente a dimensão daquilo que o ultrapassa, a narrativa da qual ele não é, nem pode ser, o único autor[43]. A Modernidade exige que cada um seja o autor, autônomo, da própria vida".

Na Modernidade, nossa tarefa passa a ser a de manter uma narrativa pessoal em andamento, afirma Giddens (1991, p. 76):

> Autobiografia – particularmente no sentido amplo de uma história interpretativa pessoal produzida pelo indivíduo em questão, seja ela escrita ou não – está, na verdade, no centro da identidade (*self-identity*) na vida social moderna. Como toda a narrativa formal, é algo que precisa ser trabalhado e que não deixa de ser um processo criativo.[44]

Não por acaso, tanto a psicanálise quanto a escrita autobiográfica são fenômenos típicos da Modernidade. Em ambos os casos, o indivíduo e sua história pessoal são trazidos ao primeiro plano e adquirem uma importância que não faria o menor sentido em uma sociedade tradicional. A palavra "autobiografia" aparece no final do século XVIII, quando três elementos gregos significando *self*,[45] vida e escrita são combinados para descrever uma prática que já era conhecida como *memoirs* e *confissões* (OLNEY, 1980). Embora *Confissões*, de Santo Agostinho (397), seja uma obra frequentemente vinculada às origens da autobiografia (OLNEY, 1980; GUSDORF, 1956; FREEMAN, 1993), o tipo de autorreflexão encontrada ali está ainda estreitamente li-

---

42   Isso fica bem expresso no *slogan* de uma conhecida loja de departamentos: "Você tem seu estilo. A (loja X) tem todos. Diferentes estilos de vida que refletem seu jeito de ser e viver". O cliente pode escolher entre quatro ou cinco estilos de roupa que representam seu estilo de vida.
43   Esse tema foi trabalhado no Capítulo 2.
44   Tradução livre minha.
45   Ver nota 41.

gada à questão religiosa. É na Modernidade que o que está esboçado em Santo Agostinho (397) adquirirá uma consistência maior: a concepção de que o indivíduo é importante o suficiente para que se escreva sobre ele (GUSDORF, 1956) e que isso seja feito de forma autorreflexiva.

Mas as coincidências entre a psicanálise e o autobiográfico não param por aí. Em minha dissertação de mestrado[46] encontrei alguns pontos de convergência entre o debate da crítica literária sobre autobiografias e antigas questões da psicanálise, principalmente no que diz respeito à memória, à temporalidade, à factualidade e à realidade. A simples dificuldade encontrada pela crítica literária em definir o que seria o autobiográfico, levanta questões muito próximas às debatidas no meio psicanalítico: como distinguir um texto de ficção de um texto autobiográfico se, invariavelmente, encontramos material ficcional na construção de uma autobiografia e material autobiográfico em trabalhos de ficção?

Olney (1980) coloca que é muito frequente que trabalhos de arte se apresentem como autobiografias e que autobiografias se apresentem como trabalhos de arte. Georges Gusdorf (1956, p. 46), pioneiro da crítica literária sobre autobiografias, afirma que a verdade da vida não difere da verdade do trabalho: "O grande artista, o grande escritor", diz, "vive, de certa maneira, para sua autobiografia". Pablo Picasso parece estar de acordo quando sugere que

> a obra de um artista é uma espécie de diário. Quando o pintor, por ocasião de uma mostra, vê algumas telas antigas novamente, é como se ele estivesse reencontrando filhos pródigos – só que vestidos com túnicas de ouro.[47]

É também do grande pintor a afirmativa de que "a arte não é a verdade. A arte é uma mentira que nos ensina a compreender a verdade".

Como vimos, a tarefa de construção da própria história é uma demanda da Modernidade, a qual tentamos responder cotidianamente. Mas qual seria, então, o papel da análise neste processo?

---

46 JOHN, D. *When our fictions are our truth: construction and reconstruction of life history in analysis and autobiography*. London: Tavistock Clinic. Dissertação de mestrado, 2000 (inédito).
47 Trechos retirados da exposição *Picasso na Oca: uma retrospectiva*. São Paulo, 2004.

Se consideramos que há um imperativo de autonomia nesta tarefa imposta pela Modernidade, um primeiro ponto a ser levado em conta é, como vimos, que a análise convida o sujeito a haver-se com aquilo que o antecede e a reposicionar-se diante da filiação. O sujeito da análise se depara com o fato de que ele não é o único autor de sua história, parte dela foi escrita antes de sua chegada e, como vimos por meio do caso de Vicente,[48] carrega determinantes inconscientes.

Assim, o que acontece na análise em relação à história do sujeito não é da ordem da pura criação, mas diz respeito a uma apropriação do que lhe foi ofertado e a um reposicionamento frente a este legado. Isso não é o mesmo que dizer que a análise proporciona acesso consciente a tudo o que antes era inconsciente ou um maior conhecimento de si mesmo que levaria ao domínio racional da própria vida. É verdade que estar menos preso em responder as demandas do Outro traz ao sujeito maior liberdade de autoria, mas se trata de uma *autoria bizarra*, como diz Kehl (2002, p. 153), "cuja obra é feita em parceria com um desconhecido – a dimensão da determinação inconsciente, que nenhuma análise tem o poder de desfazer".

Saber-se fruto de determinantes inconscientes, contudo, não implica eximir-se de toda a responsabilidade. Ao mesmo tempo em que desmonta uma ilusão de autonomia, a análise convoca o sujeito a tomar posição frente a seu legado, a responsabilizar-se pelo que faz com o que recebe:

> O trabalho de uma análise pode ser comparado a uma espécie de "desconstrução" dos sujeitos modernos, personagens dos romances de suas próprias vidas das quais se creem os únicos autores, inconformados com a finitude de suas trajetórias individuais, obcecados por deter no tempo e na memória todos os detalhes de uma vida que não faz sentido. (KEHL, 2001a, p. 89)

Desse modo, a análise levaria a uma desmontagem, a uma desconstrução do romance tão bem tecido pelo neurótico ao longo de sua vida. Quando propomos pensar a análise como um espaço

---

48 Ver Capítulo 2, item "O não resolvido da geração anterior".

de ressignificação, é nesse sentido que o fazemos. Como veremos a seguir, isso se diferencia de pensá-la como a construção narrativa de uma versão mais apropriada ou mais coerente para a própria vida.

4.3 O "*approach* narrativo"

A impossibilidade de separar ficção e realidade quando nos referimos a nossa história está colocada tanto para a psicanálise quanto para a autobiografia e parece ser uma ideia relativamente bem aceita para ambas. Mas, se é possível encontrar pontos em comum entre estes dois campos, é necessário que nos perguntemos também sobre os limites de tais aproximações. Quando se fala da psicanálise como um processo análogo a um reescrever da própria vida, trazendo elementos da narrativa literária ou autobiográfica para pensá-la, o que exatamente isso implica? Que narrativa seria essa?

Desde os tempos de Anna O. a psicanálise pode ser descrita como uma "cura pela fala", o que evidencia sua estreita relação com a linguagem. Para alguns psicanalistas e críticos literários envolvidos com a psicanálise, o estudo de tal relação culminou no entendimento do processo analítico como um processo narrativo, no qual o material trazido pelo paciente é visto como um "texto" a ser "lido", e o trabalho da análise é comparado a uma criação literária. Tal movimento, chamado de "*approach* narrativo", gerou intenso debate no meio psicanalítico e literário, principalmente nos anos 1980.

Em parte, este movimento é uma resposta às acusações que a psicanálise sempre sofreu quanto a não ser uma ciência. "Resolve-se" o "problema" da metapsicologia tentando substituí-la por um sistema narrativo (LEARY, 1989). Dois importantes representantes desta tendência, cada um à sua maneira, são Roy Shafer e Donald Spence.

Com o que ficou conhecido como *narrational project*, Shafer (1976) busca retirar a psicanálise do campo das ciências naturais para realocá-la no campo das humanidades (filosofia, hermenêutica, literatura), uma vez que considera que ela está preocupada com significados, sentidos (*meaning*) e não com explicações de causa e efeito. Donald Spence (1982), com o livro *Narrative truth and historical truth*,⁴⁹ fala das duas vozes presentes em Freud, aquela representada pelas metáforas arqueológicas, que buscaria uma verdade histórica; e a voz retórica, que abriria espaço para pensar a análise como construção narrativa. O trabalho destes dois autores costuma ser o ponto de partida de um debate que gerou uma série de "artigos-resposta" e leituras críticas às questões levantadas por eles em importantes periódicos da psicanálise e da crítica literária psicanalítica.

A psicanálise ocuparia-se essencialmente da interpretação ou da observação? Em uma análise trata-se de descoberta ou pura invenção criativa? A antiga oposição "realismo" *x* "construtivismo" dá, em grande parte do tempo, o tom da discussão. Grosso modo, temos de um lado os que defendem que o trabalho da análise consistiria em reconstruir a história do sujeito, acessando o material distorcido e recalcado; do outro os que, criticando o realismo ingênuo dos primeiros, alegam que uma vez que a história do sujeito é inacessível, não se trata de reconstrução, mas de construção⁵⁰ – termo que ressaltaria o processo "criativo" ali envolvido. O que fundamenta o "*approach* narrativo" é justamente essa posição construtivista que permite pensar a análise como a coconstrução de uma "estória",⁵¹ feita em comum acordo entre analista e analisando (HANLY, 1996).

Não é de interesse aqui argumentar em favor de um lado ou de outro, até porque, concordamos com o que afirmam vários autores (FIGUEIREDO, 1998; HANLY, 1996, MORRIS, 1993): de que se trata de uma falsa oposição. Como coloca Hanly (1996), a partir de Spence a verdade histórica e a verdade narrativa são colocadas como excludentes, como se não fosse possível pensar em uma *narrativa histórica* (HANLY, 1996; WHITE, 1981). No percurso da análise, acreditamos, trata-se de verdade *e* ficção, invenção *e* descoberta. Como já foi trabalhado no Capítulo 2, é por meio das ficções que contamos nossa verdade, ou, nas palavras de Lacan, a verdade tem estrutura de ficção.

---

49 Verdade narrativa e verdade histórica.
50 Sabemos que Freud utilizou-se dos dois termos de forma indiscriminada no texto de 1937, *Construções em análise*. Laplanche (1999a) faz uso dos dois termos para diferenciar a concepção realista (reconstrução) da criativa-hermenêutica (construção).
51 Ver nota 40.

Dito isso, vale a pergunta: quando propomos pensar o papel dos processos de ressignificação nos efeitos produzidos ao longo de um percurso de análise, estaríamos nos aproximando da compreensão construtivista trazida pelo "*approach* narrativo"? Não há dúvida de que o termo "ressignificação" remete à produção de novos significados, novos sentidos, como a própria etimologia da palavra revela. Estaríamos então alinhados ao grupo de psicanalistas que pensa a análise como um "reescrever" da própria história, como uma produção criativa de uma nova narrativa para si mesmo?

As questões levantadas até aqui já seriam suficientes para responder essa pergunta. Já foi dito que não se trata de criar uma história nova, mas reposicionar-se diante de um legado que inclui determinantes inconscientes. Também defendemos a ideia de que não há oposição entre verdade histórica e produção criativa, mas uma indissociabilidade entre ficção e verdade no processo de construção/reconstrução da história de um sujeito. São argumentos que nos afastam de uma posição estritamente construtivista. Mesmo assim, há ainda outros pontos que merecem consideração.

4.4 A questão da coerência

O primeiro ponto refere-se ao próprio uso do termo "narrativa". Margaret Fitzpatrick Hanly (1996) chama a atenção para o fato de que seu uso tem sido feito sem muito critério, de formas variadas e imprecisas e que falar em "narrativa do paciente" nem sempre é a melhor metáfora para "associações do paciente". Se tomarmos as definições mais clássicas da palavra, estas invariavelmente incluem uma noção temporal, uma estrutura de início, meio e fim. Segundo Scholes (1981), só é possível narrar algo no tempo, ou seja, o que narramos são eventos – estes, por sua vez, definidos como *o que aconteceu*; e narrar significa colocar tais eventos em uma certa sequência para alguém, colocar em palavras, simbolizar um evento real.

Se não há dúvidas de que o discurso do analisando está endereçado a alguém, os assim chamados "eventos" são uma questão complexa para a psicanálise, como já discutimos nos capítulos anteriores.

Mais que tudo, a linearidade de uma estrutura com início, meio e fim distancia-se em muito do que se passa no divã, em que o discurso tende a ser fragmentado, alusivo, desordenado, cheio dos volteios característicos de uma temporalidade heterogênea. O tipo de narrativa que se tece em uma análise não se encaixa no que tradicionalmente define-se como narrativa e, como salienta Figueiredo (1998), solicita usos da fala que são essencialmente antinarrativos. Assim, mesmo o analista mais convencido dos poderes da narração precisa

> abrir um espaço para o que não se conforma, o que se rebela, o que produz efeitos disruptivos, para o que, podendo passar desapercebido nas escutas e nas narrações elaboradas a partir de matrizes teóricas, conserva uma efetividade estranha às narrativas e que, quando emerge, conserva o poder de desmontá-las. (p. 274)

É claro que podemos pensar também em diferentes tipos de narrativas. Não há dúvidas de que há escritores que parecem conseguir incluir, na forma como escrevem, algo de que Figueiredo (1998) descreve como "o que não se conforma". Vemos também escritos que "brincam" com a temporalidade, invertendo a ordem do tempo, deixando o texto revelar uma complexidade temporal que não lembra em nada as histórias com início, meio e fim, definidas como o protótipo das narrativas tradicionais. Vai do estilo e do talento do narrador encontrar uma maneira de deixar sua produção ser marcada pelo que não pode ser dito, pelos silêncios, pelo irredutível, pela impossibilidade de dizer toda a verdade. No entanto, talvez um dos maiores problemas que encontramos nas analogias feitas pelo "*approach* narrativo" entre psicanálise e narração seja justamente o fato de que a *coerência* aparece como protagonista nessa perspectiva (HANLY, 1996). Para esses autores, a construção de uma história – ou estória – mais coerente, mais adequada ou mesmo mais útil para o sujeito em questão, seria responsável pelas mudanças conquistadas por meio da análise.

O uso do termo "estória" já é em si uma crítica ao realismo ingênuo que acredita em um resgate da "história" real do paciente. Como a posição construtivista é de que tal resgate não é possível, o termo "estória" é uma forma de enfatizar a ideia de que o que se diz em análise é uma *construção ficcional*, feita em conjunto por analista e analisando. Neste livro, preferimos o uso do termo "história", uma vez que acreditamos que reconhecer que há ficção na construção de um discurso sobre si mesmo não implica negá-lo como histórico, como verdade.

Tomemos esta definição de Peter Brooks (1994, p. 47),[52] conhecido autor da crítica literária psicanalítica e representante do *"approach* narrativo", sobre o que estaria em jogo no trabalho analítico:

> Antes de mais nada, o psicanalista está sempre às voltas com as estórias contadas por seus pacientes, que são pacientes precisamente pela fraqueza dos discursos narrativos que apresentam: incoerência, inconsistência, e falta de força explanatória na maneira como contam sua vida. A narrativa oferecida pelo paciente está cheia de buracos, de lapsos de memória, de inexplicáveis contradições cronológicas, de lembranças encobridoras escondendo material reprimido. Sua sintaxe narrativa é falha e sua retórica não é convincente. Consequentemente, o trabalho do psicanalista precisa ser, em larga medida, o de recomposição do discurso narrativo para dar uma melhor representação da estória do paciente, de reordenação de seus eventos, de ressaltar seus temas dominantes, e do entendimento da força do desejo que fala nela e por ela.

Será que é mesmo disso que se trata em uma análise? Quer dizer que ao final da análise não haveria incoerências, inconsistências, distorções, lapsos de memória, lembranças encobridoras? O que quer dizer um discurso narrativo *fraco*? Trataria-se, então, de desenvolver habilidades retóricas na análise? O objetivo da análise seria poder contar a vida com maior *força explanatória*?

Brooks (1994) fala como se o tratamento analítico tivesse como fim tornar o discurso do paciente bem-acabado, como se o mais importante fosse poder contar uma *estória* melhor, mais

---

52 Apesar da crítica levantada aqui, é preciso reconhecer que Brooks, professor da Universidade de Yale, tem tido um papel fundamental para pensar a crítica literária psicanalítica de forma menos reducionista. Práticas como as que tentam aplicar a teoria psicanalítica a um suposto inconsciente do autor por trás do texto são condenadas por ele, que defende uma crítica textual, na qual a noção de transferência também precisa ser levada em conta. Mais sobre este tema, ver: BROOKS, P. The idea of a psychoanalytic literary criticism. *In*: RIMMON-KENAN, S. *et al. Discourses in psychoanalysis and literature.* London: Methuen, 1987. Ver também: FELMAN, S. To open up the question. *In*: FELMAN, S. (Ed.) *Literature and psychoanalysis: the question of reading:* otherwise. Baltimore: John Hopkins, 1982.

convincente sobre si próprio. Tudo soa quase como se precisássemos transformar pacientes em escritores (mesmo que não se trate de, literalmente, escrever) que dominam a arte de contar uma história sem furos,[53] autobiógrafos fluentes que, senhores de suas próprias técnicas narrativas,[54] sejam capazes de fazer a vida caber com perfeição em sua impecável descrição. A citação demonstra que, embora as aproximações feitas entre psicanálise e literatura coloquem-se como bastante frutíferas para ambas, as analogias literárias têm seus limites. A meu ver, a descrição de Brooks (1994) vai justo na contramão do que seria uma análise.

Não só não me parece que se trate de tornar o discurso do paciente mais coerente, como – acompanhada de diversos autores aqui citados – poderia afirmar que o percurso da análise seria mesmo o inverso disso, uma vez que entre seus efeitos está levar o sujeito a um desprendimento da ilusão neurótica de totalidade, sentido e coerência.

Se é verdade que algo relativo às convicções que sustentam um neurótico já foi abalado para que ele se coloque em posição de "pedir" análise, isso de forma alguma significa que ele não chegue ao tratamento munido de seu arsenal de certezas. Depois de colocada sua questão, o enigma que motiva sua vinda, o neurótico não tardará em expor ao analista um *script* pronto sobre o culpado por seu padecimento ou algum outro tipo de construção imaginária sustentada por ele.

> A ética da psicanálise é uma ética da investigação, segundo a qual a dúvida sempre deve poder abrir uma brecha na fortaleza das certezas imaginárias com as quais o narcisismo do eu se defende. Não se trata da dúvida neurótica, a dúvida hamletiana que inibe o impulso do saber inconsciente com a interferência constante da consciência moral. Trata-se de uma disponibilidade para questionar não o saber que os impulsos revelam, mas as certezas que o pensamento constrói. (KEHL, 2002, p. 144)

---

53 Como afirmamos anteriormente, há escritores que conseguem em sua escrita deixar-se permear pelo que não pode ser dito. Aqui parece tratar-se do contrário, de um uso da narrativa/análise como uma técnica que torna a história mais homogênea.
54 Nessa mesma direção, ver também: FREEMAN, M. *Rewriting the self: history, memory, narrative*. London: Routledge, 1993.

Ao convocar o sujeito a implicar-se em seu sofrimento, ao responsabilizá-lo pela sua parte no desenrolar de sua própria vida, a análise tratará de fazer buracos em um discurso, a princípio, bastante homogêneo. O que antes parecia coerente, convincente, bem-acabado, é posto em questão:

> Esta é, no entanto, a tarefa radical da psicanálise desde os seus primórdios: indagar sobre o que nos parece óbvio, desnaturalizar o que parece natural, expor a complexidade e a contradição do que apresenta estar solidamente assentado sobre uma verdade inquestionável. O psicanalista, na vertente da melhor tradição da Modernidade, é um incômodo questionador de verdades estabelecidas. (KEHL, 2001b, p. 11)

A busca de um discurso mais coerente, bem como a associação da neurose a uma *fraqueza* do discurso narrativo remete mais a uma clínica empenhada em fortalecer o ego do que a uma prática que leve o sujeito a uma experiência do inconsciente. Se tomamos o modelo dos sonhos como uma direção para o trabalho analítico, uma narrativa coerente equivaleria a nada mais que um efeito da elaboração secundária, ou seja, um jeito de formatar, acomodar o que é da ordem do inconsciente de uma maneira que se aproxime mais da lógica consciente: sem brechas, sem incongruências.

Este esforço em buscar uma lógica mais racional e coerente para contar a vida – equivalente ao trabalho de elaboração secundária feito pelo sonhador – está alinhado aos processos secundários, ao pensamento, às formações defensivas, enfim, ao sintoma neurótico. Nesse sentido, a proposta de Brooks (1994), em vez de proporcionar ruptura, reforçaria o sintoma, dando corda às ilusões neuróticas de uma vida homogênea, linear, coerente e passível de ser totalmente contada em uma narrativa bem amarrada.

O neurótico é um verdadeiro especialista em construções narrativas, tentando, o tempo todo, dar um formato mais arredondado à maneira caótica como a vida a ele se apresenta. Quando em análise, embora convocado a falar da forma mais livre possível, dificilmente consegue evitar tentativas de organizar seu discurso, de editá-lo, de fazê-lo soar razoável, palatável, coerente ou mesmo agradável para o analista. Ao endereçar sua fala ao analista – encarnação do Outro – em plena transferência/resistência, escapa da regra fundamental, que será recolocada pelo analista e novamente desrespeitada pelo analisando por inúmeras vezes ao longo do processo. Falar livremente, grande desafio para aquele que não pode evitar tentar adivinhar o que quer o analista/Outro dele, torna-se em si mesmo trabalho de análise.

Um adulto jovem chega para sua primeira sessão. Ele discorre sobre os motivos que o trouxeram, salientando que a principal razão de seu sofrimento era uma *tendência a viver como se fosse ficção*. Costuma *romantizar* tudo o que acontece com ele e, muitas vezes, já não sabe mais o que é verdade e o que é sua imaginação. Vários amigos já o alertaram quanto a isso e comentam que ele parece *viver no mundo da lua*. Acha que chegou a hora de *cair na real*, afinal, já não é mais nenhum menino. Antes de buscar a análise, estava tão ansioso que tentou escrever como *uma forma de alívio para a angústia*. Combinou consigo mesmo que jogaria no lixo tudo o que escrevesse, para que sua escrita fosse o *mais livre possível* e assim atingisse o objetivo de *desabafar completamente*. Mas algo estranho acontecia. Surpreendeu-lhe a constatação de que, embora não escrevesse *para ninguém*, e mesmo estando em um estado de sofrimento muito intenso, ainda assim se pegava *preocupado com o estilo*. Também percebe agora, enquanto fala, que o mesmo se passava ali, na sessão. Se procurou uma analista para poder falar sobre *tudo*, por que estaria tão preocupado em *soar bem*?

Mas o analista não pede nada ao analisando, a não ser que fale o mais livremente possível. Ao manter-se em abstinência, ao *fazer silêncio-em-si*,[55] atrai em torno de si a transferência e, dessa posição privilegiada, pode receber o que o analisando lhe endereça. Mais importante que escutar e interpretar, é que o analista consiga, como diz Nasio (1999, p. 78), "emprestar seu próprio corpo pulsional". "Se o analista compreende que está ali, na sua poltrona, para deixar-se tomar, deixar-se cercar, pegar, pela atividade pulsional, terá todas as chances de interpretar ou intervir de modo oportuno".

---

55 Expressão utilizada por Nasio no livro *Como trabalha um analista*, definida pelo autor como um negar, um abolir do si-mesmo, um dissolver-se a imagem especular.

É dessa posição privilegiada que o analista pode escutar, não exatamente a *historinha* bem-acabada que o paciente se empenha em narrar, mas o que ele não sabe que diz. Para isso, o que Brooks (1994) nomeia como "fraqueza narrativa" é, pelo contrário, terreno fértil para a precipitação do sujeito do inconsciente: as falhas, as hesitações, os silêncios, os não ditos, o que está além e aquém do que foi intenção dizer. Por mais que um analisando se esforce em ter um discurso coerente, que tente ordenar a vida em uma narrativa que lhe ponha sentido, a linguagem o trai. Ele se "esquece", "engana", "equivoca", diz o que não quer (*não foi isso que eu quis dizer...*), revelando, na própria linguagem, o que lhe é estrangeiro, o que lhe escapa, o que fala por ele.

4.5 Quem escuta o enredo se enreda

"Quem escuta o enredo se enreda", dizia minha professora da graduação, Liliane Fröeming. Esta frase, que soava bastante enigmática para mim na época, parece muito pertinente agora. Lacan (1973) propõe a primazia do significante como uma direção do trabalho de escuta, como uma forma de evitar "enredar-se no enredo", como estratégia para diminuir os riscos de compreender demais. Na análise, trata-se de trazer algo do real para o simbólico, desinflando o imaginário. Em outros termos, talvez pudéssemos dizer que, quem muito se preocupa em compreender a sequência do que é falado, em dar conta dos detalhes da história do analisando, ou dos sentidos imaginários que ele constrói, acaba por se perder do mais importante, que está no dizer e não no dito. O neurótico, sofrendo de excesso de sentido, encontra-se enredado no próprio enredo, preso em sua tendência a romancear[56] a própria vida.

Quando Lacan (1973) propõe a primazia do significante sobre o significado, ele sugere um caminho possível de acesso ao inconsciente. Teríamos aí uma estratégia técnica que aponta uma direção possível para a escuta, direção essa que ameniza os riscos de que a intervenção do analista parta de seu imaginário, de uma pretensa compreensão especular. Ao mesmo tempo, do lado dos efeitos para o paciente, ela

---

56 Esta questão será melhor desenvolvida no Capítulo 5.

funcionaria como um antídoto para sua tendência neurótica a inflar o próprio imaginário, a se enredar nos próprios enredos. Ao propor a intervenção como pontuação do discurso do analisando, Lacan foge das interpretações explicativas e totalizantes, aproximando-se do funcionamento do inconsciente. Como coloca Dor (1990, p. 120):

> A intervenção analítica tem, assim, o *status* de uma operação de linguagem que se produz sob a forma de um corte significante na ordem do dito, para liberar a "linguagem primeira" do desejo inconsciente que se articula no dizer.

Seria uma forma eficaz de não ficar enredado no enredo? Nos termos do que foi debatido no capítulo anterior, evitar enredar-se no enredo equivaleria a poder priorizar o *dizer* e não o *dito*, a *enunciação* e não o *enunciado*, o simbólico e não o imaginário. No entanto, se há, sim, um esvaziamento da consistência imaginária em jogo no percurso de análise, isso não quer dizer que o imaginário seja algo a ser desconsiderado.

4.6 O imaginário conta

Nesse sentido, as histórias cotidianas que o paciente traz são muito importantes. A meu ver, é necessário que o analista as acompanhe até mesmo para que a escuta do significante seja possível. Nessa linha, poderíamos dizer que um tanto de "enredar-se no enredo" é tão inevitável quanto necessário. Além de uma escuta afinada para a polifonia do significante, há muitas outras coisas a serem levadas em conta em uma análise. As histórias relacionadas ao mito individual do analisando, as lendas familiares, as formas como o sujeito foi falado, o lugar a ele atribuído no seio familiar e o lugar tomado por ele, as ficções consumidas ao longo da vida (livros, filmes etc.), entre outras coisas, fazem parte dos processos constitutivos e identificatórios de um sujeito e, como tais, são de grande valia para o trabalho analítico, não podendo ser ignorados. Dito de outro modo, a consistência imaginária de um sujeito não pode ser descartada no trabalho analítico.[57]

---

57 O próprio Lacan (1973, p. 315 - grifo meu) diz que o saber inconsciente "só é possível ouvi-lo mediante o benefício desse inventário: isto é, deixar em suspenso a imaginação que ali é curta, e pôr a contribuir o simbólico e o real *que o imaginário aqui une (por isso não podemos largá-lo de mão)* [...]". LACAN, J. Nota Italiana. In: *Outros escritos*. Rio de Janeiro: Jorge Zahar, 1973.

Carlos, de 30 anos, conta-me que quando se sente um pouco triste ou introspectivo, costuma assistir de novo um mesmo desenho animado, do qual guarda em casa uma cópia. Peço que me fale sobre o desenho e fico impressionada com a quantidade de coincidências simbólicas entre a trama da animação e sua própria vida. Quando aponto algumas dessas coincidências para ele, sua reação é de surpresa, *nunca havia pensado em nada disso!* É interessante como uma narrativa ficcional pode dizer algo para um sujeito, ter uma função para ele, mesmo sem que isso passe necessariamente por uma compreensão consciente. Neste caso especificamente, o enredo do filme de animação entrou como um elemento importante para o processo analítico e voltamos a ele em diversos momentos ao longo desse percurso, o que, diga-se de passagem, não impediu (pelo contrário) que se trabalhasse com a escuta do significante. Isso não invalida o alerta quanto aos riscos de "enredar-se no enredo", este risco existe, de fato, mas ele não justifica que as histórias, as narrativas trazidas para a análise, devam ser desconsideradas em nome de uma pureza teórica e técnica que implicaria escutar "apenas" o significante.

Se o inconsciente se estrutura como uma linguagem, se o trabalho de análise consiste em acessar algo do real por meio do simbólico, ou seja, se é pela palavra que podemos nos aproximar da verdade de um sujeito, a escuta do significante é, sem dúvida, fundamental. No entanto, é preciso tomar cuidado para não incorrer no erro de hierarquizar os três registros, que, na proposta de Lacan (1973), são indissociáveis. O que se perde de vista ao valorizar o simbólico em detrimento do imaginário é justamente a importância desse imaginário, sem o qual um eu não pode sequer se enunciar.

Maria Rita Kehl (2009, p. 203), no livro *O tempo e o cão: a atualidade das depressões*, constata que a técnica lacaniana, em especial na clínica das neuroses, produz um equívoco que consiste "na condenação das formações imaginárias". Se é verdade que essa técnica recomenda que o analista se atenha à cadeia significante para não se envolver com a sedução da "novela familiar" (ou para não se "enredar no enredo", como dissemos anteriormente), a "ênfase na cadeia significante e nas estruturas simbólicas que ela determina" não é a mesma que em um trabalho "contra o imaginário". Sim, a análise dos neuróticos "implica sempre uma desinflação da dimensão imaginária", mas o imaginário faz parte do nó indissociável que sustenta o sujeito, "que oferece consistência à vida" (p. 231).

Ainda segundo Kehl (2009), o trabalho de análise precisa passar pelo esvaziamento de sentido para que o neurótico passe a descrer na versão do Outro como ser de amor, ou seja, para que se evidencie que o Outro é apenas um lugar simbólico que não lhe demanda nada. Só então poderá comandar suas escolhas a partir do próprio desejo e não orientado pelo que supõe ser o desejo do Outro. Mas essa operação é possível na neurose justamente porque havia consistência imaginária suficiente. No caso do depressivo, a pobreza imaginária[58] o deixa à mercê do vazio psíquico, desencantado e impossibilitado de sonhar, fantasiar e desejar. A posição do depressivo coloca-o, desde o início, mais perto que o neurótico comum da verdade a respeito do vazio do Outro. O problema é que ele não consegue usar esse saber a seu favor, uma vez que toma esse vazio como mortífero e não como condição do desejo. Daí sua atitude fatalista em relação à vida e seu movimento de retirada do laço social. Embora o nosso foco aqui não seja a questão do depressivo, as teses de Kehl (2009) sobre o tema reafirmam a importância da consistência imaginária para a sustentação de qualquer sujeito.

Poderíamos pensar o depressivo como o protótipo do que seria um homem "sem imaginário", desvitalizado, isolado, descrente, sem projeto, desiludido em relação à vida e impossibilitado de contar a própria história. O imaginário é o registro da memória, lembra Kehl (2009, p. 236):

> Por meio dela o sujeito reconhece os traços que o identificam como sendo o mesmo ao longo do tempo, assim como os adquire a medida de suas transformações: a memória é a dimensão imaginária da temporalidade.

Se há ilusões em jogo na consistência imaginária, elas são, em certa medida, necessárias. Até mesmo o sujeito que passou pela experiência de fim de análise, que esvaziou ao máximo os espelhismos

---

58 "O registro privilegiado do depressivo é o simbólico" (KEHL, 2009, p. 234).

imaginários, deparando-se com o lugar vazio de demandas do Outro, precisará retomar alguma consistência imaginária para continuar vivendo. "A diferença que a cura analítica produz na relação do sujeito com o imaginário não é da ordem do esvaziamento das fantasias, mas da perda de sua onipotência infantil" (KEHL, 2009, p. 234).

Enfim, o trabalho de esvaziamento de sentidos especulares do qual uma análise se ocupa, não é equivalente a um descarte do imaginário. Este precisa ser levado em conta na análise. Sem considerá-lo, a escuta do significante, acredito, não seria sequer possível.

João chega à análise aos oito anos, pouco tempo depois de ter experienciado muitas perdas, entre elas, a separação dos pais e a morte da avó materna, de quem era muito próximo. Menino vivaz, inteligente, falante e criativo, por vezes se entristecia a ponto de verbalizar o desejo de morrer. Voraz leitor, como seus pais, João adorava Mitologia Grega e histórias de cavaleiros. Tendia a ir longe demais em suas fabulações mirabolantes, o que também preocupava os pais e professores. Estes últimos achavam que João *se escondia* atrás da leitura, uma vez que costumava passar o recreio lendo.

Foi adotado com poucos dias de vida por um casal muito bem informado e bastante intelectualizado que já havia lido "tudo" sobre adoção. Sabiam da importância de dizer a verdade desde o começo e nunca faltou para João repertório suficiente para contar sua história com riqueza de detalhes, embora muitas vezes soasse exageradamente fantasioso.

Logo no início de sua análise, propõe que façamos uma lista das características que teria herdado dos pais adotivos e escreve o sobrenome paterno e materno no topo da folha, um ao lado do outro, divididos por uma linha. Abaixo de cada sobrenome vai organizando em itens o que tem de parecido com uma família e com a outra, deixando claro que não havia tido dificuldades em inserir-se na linhagem da família adotiva.[59] Falava com naturalidade sobre o fato de ter sido adotado. Certa vez, ao encontrar-se na sala de espera com um bebê

---

59   Se comparamos o caso de João ao de Vicente, caso trazido no Capítulo 2, fica ainda mais claro o quanto essa pertença independe do laço biológico.

de poucos dias, irmãozinho da paciente que eu atendia depois dele, exclamou: *Quando eu cheguei, eu era deste tamanho!* Sua fala leva a mãe do bebê a comentar: *Como é bem resolvido!*

Mergulhamos nas histórias de cavaleiros, enredamo-nos nos enredos importantes para João. Escrevemos dois "livros" de ficção em sessão. Ele ditava e eu anotava. Depois ele fazia a ilustração. João deu nome à sua "editora". Eram histórias inventadas! Ali podia ser *escritor*, não *mentiroso*, como tantos o tachavam. Também mantivemos um diário ilustrado, no qual João anotava alguns acontecimentos marcantes de seu dia a dia. Na primeira página do diário, escreve: *Sabe, é difícil de acreditar. Mas este diário é importante!* Na ilustração dessa página inaugural, um personagem diz: *Eram memórias.* E o outro responde: *Não minta!* Ele sempre trazia um livro para ler na sala de espera e muitas vezes começávamos nossa conversa a partir daí. Não tomei seus livros como esconderijo, mas como possibilidade de encontrá-lo. Em meio a um enorme repertório de histórias, João sempre trazia a sua própria biografia, adorava contá-la!

E o que mais chamava a atenção quando o fazia é que ela parecia um conto de fadas do qual foram apagadas as partes tensas e tristes, como se só a *sorte* de ter sido encontrado por pais amorosos pudesse aparecer. Já com algum tempo de análise, João conta sobre algumas notícias que viu na TV, sobre bebês encontrados no lixo ou na rua. A partir desses fatos, passa a poder falar da parte doída de sua própria história. Ele também havia sido deixado na rua e, antes de ter tido *sorte*, fora abandonado por seus pais biológicos. Pela primeira vez João se detém nesse pedaço duro de sua história, pergunta-se sobre as razões do abandono e nomeia a raiva que sente desses pais que nunca conheceu.

Embora muitas coisas tenham se passado ao longo de sua análise, acredito que ter podido nomear algo do real de sua história de origem foi de fundamental importância para acalmar os excessos de fabulação em seus relatos.

4.7 Não se trata de obter informações

Talvez valha ainda dizer que, ao longo deste texto, a referência à expressão "história de vida" não se refere às histórias que são "colhidas" em uma anamnese ou para constar nos dados de um prontuário. Embora se interesse por tudo o que o analisando venha a dizer-lhe, o analista que recebe um novo paciente não tem um roteiro de perguntas a serem feitas, não pretende completar uma ficha com quesitos preestabelecidos. Isso o faria perder o que se coloca como o mais rico do momento inicial: por onde vai começar o analisando? De que coisas escolherá falar? O que ficará de fora? O que ficará para depois? O que supõe que o analista quer ouvir? Como dará continuidade ao processo nas sessões seguintes? Que coisas ditas na sessão serão uma surpresa para ele mesmo?

Ter um roteiro pronto significaria perder boa parte disso. Mais do que colher informações, o analista escuta a forma singular como um paciente se conta, fica atento às ambiguidades de seu discurso, às *nuances* de sua fala, às repetições, às hesitações, às palavras que emprega. Diga-se de passagem, isso também vale para a escuta dos pais na psicanálise com crianças. Um equívoco comum de quem começa o trabalho com crianças é tomar o encontro com os pais como um momento de mera obtenção de informações relevantes sobre a criança. Enfim, o analista está atento à linguagem porque sabe que ela lhe dará acesso privilegiado ao inconsciente daquele que lhe endereça a palavra. E o fato de que tal palavra lhe é endereçada em transferência tem uma importância fundamental para as especificidades da narrativa que passará a ser construída ali. A história é do sujeito, mas é contada/construída/reconstruída/descontruída/narrada/resgatada/ressignificada *na* transferência.

4.8 O analista passa a fazer parte do enredo

Como coloca Leguil (1993), uma vez instaurada a transferência, tudo o que o paciente diz não apenas é endereçado ao analista, como este se torna parte da história do paciente (daí a frequência, por exemplo, com que os pacientes sonham com seus analistas). Isso explicaria, segundo Leguil (1993), a afirmação lacaniana de que o analista faz parte do conceito de inconsciente. Nessa mesma linha, Freud (1917 [1916-1917]) já falava da instauração de uma "neurose de transferência", que não seria propriamente a neurose do paciente, mas o modo como ele apresenta sua neurose na relação com o analista. No Prefácio do caso Dora, Freud (1905 [1901], p. 111) apontará para essa dificuldade. Ele diz que o próprio tratamento, "cria uma nova espécie de produtos psíquicos patológicos". Apenas depois de "dissolvidos os vínculos com o médico" (p. 110) é que a cura completa se daria.

Uma vez instaurada a transferência, a produção da doença do paciente "concentra-se em um único ponto, sua relação com o médico" (FREUD, 1917 [1916-1917], p. 517). Quando a transferência atinge determinado grau de importância, "já não mais nos ocupamos da doença anterior do paciente, e sim de uma neurose recentemente criada e transformada, que assumiu o lugar da anterior". "Todos os sintomas do paciente abandonam seu significado original e assumem um novo sentido que se refere à transferência". "Mas dominar essa neurose nova, artificial, equivale a eliminar a doença inicialmente trazida ao tratamento – equivale a realizar nossa tarefa terapêutica" (p. 518).

Ana vem para sua segunda sessão de análise e conta ter sonhado com a analista na noite da primeira sessão. Sonhara que chegava ao consultório carregando uma mala. Subia as escadas até a sala de atendimento e a encontrava totalmente vazia, sem mobília. Lá dentro apenas a analista, empenhada em limpar a sala. Ana passa a ajudá-la com a limpeza. Nada disso parecia estranho no sonho, *era natural limpar a sala antes de começar*. Então, Ana abre a mala e dentro dela estão os seus sapatos *da outra estação*. Junto deles haviam alguns outros pares, que não eram seus, mas que Ana achava *interessantes*.

Trabalhamos com o sonho e as associações de Ana sobre ele. Falar a partir de um vazio. A mala ("pacote", como nos referimos no Capítulo 2) que se traz para a análise. Os sapatos, que são aquilo que vestimos para andar. Que novos sapatos/novos caminhos poderiam ser traçados a partir dali? O estranhamento e o interesse pelos sapatos que estavam na sua mala, mas não eram seus. De que jeito preencheria essa sala vazia? As estações bem marcadas do estado de origem. De que *outra estação* (outra cena?) falava? Os sapatos que trazia para a análise eram da *estação trocada*. A mala que remetia à mudança para outra cidade. O que poderia carregar consigo? Que sujeiras limparíamos juntas? Que tipo de relação se construiria ali naquela sala sem mobília?

Como vimos no Capítulo 3, o analista nada sabe sobre o inconsciente de seu analisando, terá que descobrir com ele, pouco a pouco, no trabalho artesanal de escuta feito a cada sessão. Nesse sentido, podemos pensar que o decorrer da análise de Ana ainda trará muitos novos elementos que permitirão outros desdobramentos deste sonho. Mas, independentemente disso, o mais interessante deste recorte clínico é observar como o sonho em si já anuncia a presença da transferência, mesmo tão cedo no processo. A analista já estava incorporada ao enredo de Ana. O sonho era a evidência de que uma "neurose de transferência" já começara a se instaurar.

A simples presença do analista, bem como suas intervenções, não só geram efeitos, como passam a fazer parte do tecido da história narrada em análise. O analista participa da construção/reconstrução/desconstrução feita pelo analisando ao longo da análise, seja mais diretamente, quando de fato diz alguma coisa, seja indiretamente, pelo simples fato de que é a ele que o analisando dirige a palavra. O analista, invariavelmente, passa a fazer parte do enredo que ali se constrói.

Muitas vezes, observamos que um determinado significante introduzido pelo analista em alguma intervenção aparece mais tarde incorporado ao discurso do paciente. A narrativa construída na análise acontece em transferência, ela já não pode ser situada como algo exclusivo do paciente ou do analista.

Embora fale menos que o analisando, a fala do analista é colocada, na transferência, em um lugar de importância fundamental. O analista e suas intervenções contribuem para a tessitura da narrativa construída em análise. Sua palavra, colocada no lugar e no tempo certo para que o paciente se sinta dela criador – como dizia Winnicott –, pode gerar efeitos de ressignificação.

Ao falar sobre a importância do imaginário na clínica dos depressivos, Kehl (2009, p. 287) traz um pequeno trecho clínico que bem ilustra um momento de ressignificação, no qual a intervenção da analista tem um papel fundamental. Filho temporão, quando o paciente em questão entrou na adolescência, o pai já estava aposentado. Suas lembranças são de um pai "encostado", velho e alcoólatra, que *não valeu*. "Já perto do final da análise, sonhou que encontrava o pai morto e lhe perguntava: "como vai?" Ao que o pai respondia: "razoável, razoável". A analista só poderia comentar: "Então você agora sabe que teve um pai razoável".

Vale ressaltar que conceber a história do sujeito como algo que é construído/desconstruído na transferência não é o mesmo que dizer que é o analista o responsável por construir/reconstruir as "partes que faltam" na história de um sujeito. Tal prática, a meu ver, baseia-se em uma leitura questionável do texto freudiano de 1937, *Construções em análise*. Uma leitura que termina por incentivar práticas da psicanálise nas quais se pressupõe que o analista tem, de fato, um saber sobre o inconsciente de seu analisando, que lhe permitiria fazer um jogo no estilo *fill in the gaps*.[60] Entre outras coisas, tal concepção pressupõe a ideia de que a história do sujeito está lá pronta para ser descoberta, remontada, reconstruída a partir do habilidoso trabalho de "detetive" encarnado pelo analista. Se não se trata de pura criação, também não se trata de mera descoberta.

4.9 Na vizinhança do irredutível

> [...] dever-se-ia – pensava – desconsiderar os discursos exagerados que escondem as afeições medíocres; como se a plenitude da alma não se derramasse às vezes pelas metáforas mais vazias, posto que ninguém, nunca, pode dar a exata medida de suas necessidades, nem de suas concepções, nem de suas dores, e que a palavra humana é como um caldeirão trincado no qual batemos melodias para fazer os

---

60 Preencha as lacunas.

> ursos dançarem, quando se quereria enternecer as estrelas.
>
> (Gustave Flaubert, *Madame Bovary*)

Quando falamos em ressignificação, a própria etimologia da palavra nos diz que estamos diante da produção de novos sentidos. No entanto, insistimos, ao longo desse percurso, em demarcar a importância do não sentido, dos restos, do que fica fora do campo da representação e da heterogeneidade do tempo para a construção narrativa sobre o si mesmo. Entendemos que o processo de ressignificação não se reduz à criação de um novo sentido, ao júbilo intelectual de uma descoberta, mas a um movimento do sujeito, uma ruptura, que é efeito de um ato de linguagem. Diz Fink (1998, p. 95):

> De acordo com Lacan, algo faz sentido quando se encaixa na cadeia preexistente. Este algo pode ser acrescentado à cadeia sem alterá-la fundamentalmente ou pôr em risco a boa ordem ou harmonia.
>
> Por outro lado, a metáfora induz a uma nova configuração de pensamentos, estabelecendo uma nova combinação ou permuta, uma nova ordem na cadeia significante, um teste da ordem antiga. As conexões entre os significantes são mudadas em definitivo. Esse tipo de modificação não pode ocorrer sem comprometer o sujeito.

Nessa perspectiva, não basta que novos sentidos se produzam, mas é preciso que haja uma reestruturação da ordem significante, ou seja, que algo do real tenha acesso ao simbólico. Entendo que os processos de ressignificação são efetivos justamente por não ficarem restritos a um exercício de "encaixe" de um novo sentido à cadeia preexistente, ou a um enxerto de explicações que definem para o paciente quem ele é ou o que ele tem (este sim seria um uso "ruim" do imaginário, que incentivaria as cristalizações de falsas imagens narcísicas), mas por mobilizarem um sujeito em sua estrutura, modificando seu lugar subjetivo. Ao se retirar do lugar de alvo das demandas do Outro, o sujeito experimenta a liberdade – não livre de angústia – de fazer escolhas a partir de seu desejo. Há uma certa reinvenção aí, um tipo de autoria – mesmo que não se trate de pura criação.

Se a análise tem como proposta tentar nomear o que não pôde ser nomeado, simbolizar o que não foi simbolizado, trazer para a via da palavra o que antes não a alcançava, ela precisa também reconhecer os restos, aquilo que insiste em não se inscrever e que, por isso mesmo, afeta a maneira como um sujeito se conta. Como coloca Figueiredo,[61] a psicanálise trabalha na vizinhança do irredutível, no limite do analisável. Citando Pontalis, Figueiredo falará da importância de não transformar o desconhecido em conhecido, mas de procurar o desconhecido por si mesmo e viver em sua vizinhança.

Por maior que seja seu esforço, por mais importante que seja para um sujeito poder compartilhar sua experiência, tentando emprestar a ela palavras, algo sempre lhe escapa. Uma parte de sua vivência não cabe em sua tentativa de contá-la. Por isso, seu discurso na análise coloca-se como frágil e multiforme. Diz Rudelic-Fernandez (1993, p. 722) "O relato", "sustenta-se na análise, ao longo de um limite de 'dito-não-dito' que desenha, às vezes em meio a uma profusão de palavras, os contornos de um abismo de silêncio".

A narrativa que se tece em análise é muito particular e em nada lembra a coerência de histórias bem-acabadas e homogêneas. Muito pelo contrário, a história contada em transferência resulta do ir e vir de um tempo heterogêneo que transforma o sujeito, tornando sua apreensão em um "puro presente" uma tarefa impossível. Trata-se de uma história *em construção/desconstrução*, passível de ser ressignificada *a posteriori* e, portanto, sempre inacabada, incompleta, imperfeita.

---

61 Aula do curso de pós-graduação em Psicologia Clínica.

5. O PERCURSO DA ANÁLISE E SEUS EFEITOS

Uma escadinha em espiral, um patamar, dois capachos, duas portas negras. Tocava a campainha da direita: era ali. Lacan. Ali também, durante dez anos eu jogara minha vida. Ali onde fizera a mais longa de minhas viagens. Ali onde jurara a mim mesmo, cedo ou tarde, testemunhar. O tempo passara, eu não cumprira a promessa. [...] Não me faltaram pretextos para adiar. O principal era uma pergunta que eu fingia achar insolúvel: como escrever? A resposta era, contudo, evidente: como estou escrevendo.

(Pierre Rey, *Uma temporada com Lacan*)

A vida é muito discordada. Tem partes. Tem artes. Tem as neblinas de Siruiz. Tem as caras todas do Cão, e as vertentes do viver.
(João Guimarães Rosa, *Grande Sertão: Veredas*)

5.1 De que narrativa se trata, afinal?

No decorrer deste livro trabalhamos com a ideia de que a noção freudiana de *Nachträglichkeit* permite pensar em uma dinâmica temporal que favorece às ressignificações e que tais processos têm um papel fundamental no percurso de uma análise. Vimos como ao longo da vida, e de forma ainda mais intensa ao longo de uma análise, vai se dando uma reordenação constante das narrativas que um sujeito constrói a respeito de si mesmo. No Capítulo 4 destacamos que isso não quer dizer que a análise sirva para se chegar a uma versão mais adequada de si mesmo e fizemos uma crítica àqueles que pensam seu percurso como a construção de uma narrativa mais coerente para a própria vida. Na outra ponta, também criticamos uma leitura da teoria lacaniana que, ao valorizar o simbólico por meio da escuta do significante, vê toda a construção narrativa a respeito de si mesmo como um efeito ilusório do campo do imaginário, desconsiderando a importância desse registro para a sustentação do sujeito.

Será que seria possível pensar em um caminho do meio, isto é, uma clínica que habite algum lugar entre estes dois extremos, ou seja, que trabalhe com a escuta do significante sem perder de vista a importância das narrativas para a constituição do sujeito, mas também sem cair em uma prática que alimente a tendência neurótica de tentar fazer a vida caber na estrutura fechada e arredondada de um romance, no qual tudo parece fazer sentido?

É claro que a narrativa, mesmo a de um romance, não precisa ser reduzida a uma narrativa da coerência. Como já foi dito no capítulo anterior, a própria literatura não vive só de narrativas lineares e, de fato, o valor literário de uma obra muitas vezes está justamente na habilidade que o autor tem de incluir no texto o que não pode ser dito diretamente, as temporalidades dissonantes, as meias-palavras, os efeitos do impossível de dizer. Não seria esse um dos efeitos da análise para a maneira como um sujeito se conta?

Se não é uma narrativa da coerência que se produz em uma análise, que tipo de narrativa se constrói ali? Talvez tenhamos que pensar a clínica psicanalítica, o percurso de uma análise e seus efeitos como um processo que, como as boas produções literárias, permite uma construção narrativa do si mesmo que leva em conta os furos e tudo o que não se dá totalmente a contar. Afinal, em que e de que modo o percurso de uma análise faz diferença na maneira como um sujeito se coloca diante da vida e na forma como se conta?

5.2 Do romance ao conto

Eric Laurent (1992, p. 36), ao descrever o que lembra da época em que foi pedir análise a Lacan, afirma que este teria lhe dito algo mais ou menos assim:

> Todos acabam sempre se tornando um personagem do romance que é a sua própria vida, para isso não é necessário fazer uma psicanálise. O que esta realiza é comparável à relação entre o conto e o romance. A contração do tempo, que o conto possibilita, produz efeitos de estilo. A psicanálise lhe possibilitará perceber efeitos de estilo que poderão ser úteis a você.

Eric Laurent (1992) evoca esta fala de Lacan principalmente para referir-se a sua prática das sessões curtas, que na época em que iniciou sua análise, em 1967, ainda não eram, segundo ele, tão curtas quanto se tornariam dez anos depois. De qualquer modo, esse autor justifica a conhecida e polêmica técnica lacaniana como uma exigência científica da psicanálise, uma prática compatível à evolução da teoria psicanalítica. Nessa linha, relaciona a estrutura do romance à prática freudiana; e a estrutura do conto às inovações propostas por Lacan. Se o inconsciente freudiano caminharia *pari passu* com o romance goethiano, a prática de Lacan seria "contemporânea de uma estrutura narrativa transformada pela escrita moderna, na qual o romance é subvertido pelas contrações do tempo, do espaço, dos personagens, do dentro e do fora" (LAURENT, 1992, p. 37). As sessões contraídas ou compactas são associadas ao efeito de estilo do conto, no qual vários anos podem ser atravessados em uma única frase.

Em artigo intitulado "Minha vida daria um romance", Maria Rita Kehl (2001a) toma como ponto de partida este mesmo relato de Eric Laurent e, entre inúmeros outros pontos, desenvolve a relação proposta por Lacan entre a neurose e o romance e a vinculação que ele faz entre o percurso da análise e a estrutura do conto. Para Kehl (2001a, p. 61), a associação entre neurose e romance não se restringiria apenas à insistência com que o neurótico recria sua "novela familiar":

> A frase de Lacan me faz pensar em alguma coisa mais parecida com a urgência com que respondemos quase diariamente ao imperativo que Michel Foucault chamou de "discursificação da vida cotidiana", imperativo de tudo dizer ao Outro, a algum Outro suposto capaz de colocar ordem na fragmentação e na dispersão das identificações que compõem o frágil revestimento imaginário do "eu" na Modernidade.

Assim, o romance, diz essa autora, representaria um estilo literário mais comprometido com uma estrutura temporal organizadora, dotada de início, meio e fim. Tal estrutura é articulada por uma lógica que de alguma forma mantém a ilusão de que a existência é a construção de um destino e de que há um sentido a ser revelado no capítulo final. Na análise, esse Outro capaz de colocar ordem na fragmentação está encarnado na figura do analista, sujeito-suposto-saber que, como afirma Costa (1998), aparece imaginariamente como um sujeito interpretante.

Na passagem do romance ao conto, sugerida por Lacan (1973) como o percurso de uma análise, uma operação estética se daria, que permitiria ao sujeito desprender-se da necessidade neurótica de tudo explicar, de tudo saber, de tudo dizer sobre si. O sujeito, a partir da simbolização da castração que se daria na análise, poderia, enfim, "criar uma ficção mais imprecisa, cheia de elipses, que suporte os enigmas, em vez de tentar esclarecê-los todos" (KEHL, 2001a, p. 89).

Kehl (2001a) falará da inserção da estrutura do romance na cultura ocidental moderna que, de tão importante, acaba por se tornar a principal formatação pela qual representamos nossas histórias de vida. Ao nos situarmos como protagonistas de nosso próprio romance, tecemos uma trama que tem o papel, entre outras coisas, de colocar alguma ordem no caos da vida.

Se a tendência do neurótico é a de contar sua história como se fosse um romance, Lacan (1973) vê na análise a possibilidade de desconstruir o excesso de sentido do qual aquele padece, advertindo o analista sobre os perigos de compreender demais, ou seja, sobre o risco de que a análise possa funcionar como mais um artifício de injeção de sentido em vez de provocar ruptura. A escuta do significante, como já foi dito, colocaria-se como estratégia técnica alternativa às interpretações totalizantes, explicativas, evitando que a psicanálise sirva ao neurótico como mais um saber a ser utilizado e apreendido na fabulação que constrói sobre si mesmo.

Lembro, por exemplo, do relato de um amigo que com grande entusiasmo me contou sobre a "descoberta" que seu analista fez a respeito da origem de sua obesidade. É que sua mãe, por preguiça de pegá-lo no colo durante a madrugada, dava-lhe a mamadeira sem tirá-lo do berço. Este "erro" da mãe, segundo o analista, teria gerado uma dissociação entre o alimento e o afeto. Tal dissociação teria levado à obesidade de meu amigo, que buscaria nos exageros à mesa, o afeto que não teve da mãe. Não é incomum escutarmos exemplos parecidos com este, que revelam uma prática de injeção de sentido a qual o neurótico, sedento de explicações, facilmente adere. Essa questão foi trabalhada no Capítulo 2, em que afirmamos que a injeção de sentido termina por reforçar o sintoma neurótico.

Se é de extrema relevância para a psicanálise a marcação feita por Lacan (1973) sobre os perigos das análises que se mantêm no eixo imaginário da transferência – algo que não faz mais que alimentar uma relação especular, de eu a eu –, é necessário que tenhamos em mente as formulações deste mesmo Lacan com respeito à indissociabilidade dos três registros: real, simbólico e imaginário. Como vimos no capítulo anterior,[62] o imaginário não é algo que possa ser dispensado por um sujeito, ele é um elo inseparável dos demais registros e um lugar primordial de sustentação para um sujeito, lugar no qual um encontro com o outro se faz possível, mesmo que de forma ilusória.

É preciso ter cuidado para não jogar o bebê fora junto com a água do banho. Se a análise, muitas vezes, tem o papel de desfazer sentidos prontos que vinham sendo carregados há anos pelo sujeito, isto é, se ela tem o papel, pelo menos na neurose, de desconstruir tal *script*, isso não quer dizer que as redes narrativas que o sujeito tece sobre si mesmo não sejam de primordial importância para ele, não significa que uma boa dose de romance não seja necessária para se sustentar

---

62 Ver o item "O imaginário conta".

no mundo e para poder minimamente compartilhar algo com o outro. Isso se torna especialmente importante para o sujeito moderno que, desgarrado dos sentidos *prêt-à-porter* oferecidos pelas crenças divinas ou pelos papéis sociais previamente estabelecidas pelas sociedades tradicionais, precisa "inventar" sozinho o enredo de sua própria vida.

> A fabulação dá consistência imaginária ao "eu", este "eu" que é tudo de que o sujeito dispõe para estar com o outro e para existir no tempo, uma vez que, desde o inconsciente, não é com o outro que se está: o sujeito do inconsciente existe no Outro e na atemporalidade. (KEHI, 2001a, p. 63)

5.3 O enigma sobre a origem e a ficção

O neurótico possui, Para Freud (1909 [1908], p. 244), "uma atividade imaginativa estranhamente acentuada" que o leva a ser o incansável autor de seu próprio *romance familiar*, no qual fantasias como a de ser filho adotivo, ou a de substituir os pais reais por pessoas de melhor linhagem, são frequentemente encontradas. O neurótico tem na fantasia a saída para "corrigir" sua "realidade insatisfatória", tornando-a mais adequada a seu próprio desejo. Já adulto, substitui o brincar pelo devaneio, sem deixar nunca de ser um "sonhador em plena luz do dia". Como coloca, em relação ao pensamento freudiano, Costa (1998, p. 61): "Fantasia e desejo vão produzir uma nova versão da realidade. Os atos não precisam ser realizados para que se cumpra o desejo e desejar passa a ser a verdade que substitui a realidade". O que acontece é que há uma "interpenetração entre ficção e realidade, de tal forma que o que for real somente se registra como ficcional e a ficção constitui uma verdade".[63]

Para tentar dar conta da questão sobre sua origem, o sujeito freudiano torna-se o autor criativo de suas próprias teorias. Diante do enigma expresso pela pergunta "de onde vêm os bebês?", a criança se coloca como investigadora incansável, o que colocará em curso "todo o seu trabalho intelectual posterior" (FREUD, 1908, p. 222) determinando

---

63 Como já citado no capítulo anterior, Lacan dizia que a verdade tem estrutura de ficção, frase que aparece em vários textos dos *Escritos*. Ver também WAJNBERG, D. (1994) A verdade tem estrutura de ficção. *In*: CESAROTTO, O. (Org.) *Ideias de Lacan*. São Paulo: Iluminuras, 1995.

sua *pulsão de saber* (FREUD, 1905).⁶⁴ A partir do enigma sobre a origem e em um esforço para tentar simbolizar a diferença entre os sexos, a criança cria o que Freud (1908) chamou de *teorias sexuais infantis*, que embora possam ser compiladas em teorias *típicas*, guardam também a marca da singularidade, expressando-se das mais diversas formas, de acordo com a história de cada criança. Lembro, por exemplo, de uma criança adotada que, depois da explicação de sua mãe adotiva de que ela não havia saído da barriga dela, construiu a teoria de que havia nascido da barriga da cachorra.⁶⁵ O conhecimento de tais teorias, diz Freud (1908), é de grande interesse para a elucidação de mitos e contos de fada, bem como para a compreensão da própria neurose, já que nela as teorias sexuais infantis continuariam atuando, exercendo uma influência decisiva na forma que assumem os sintomas.

Uma jovem adulta às voltas com suas dificuldades em relação à sexualidade sonha que *pegava* a gravidez da amiga por contágio.

Se Freud (1908) atribui parte desse movimento típico da infância ao fato de que as crianças não se satisfazem com as histórias enganosas que lhes contam os adultos – como, o mito da cegonha –, podemos dizer que toda informação científica a qual as crianças hoje têm acesso cada vez mais cedo, não impede que elas continuem construindo teorias. "Nossas crianças continuam interessadas em seu próprio universo de mistérios, que sobrevive à aparente transparência da era das comunicações, com seu imperativo de tudo mostrar, tudo dizer, tudo exibir" (1908, p. 228). Prova de que o inconsciente não foi reduzido ao discurso científico, que propõe "trazer toda a riqueza subjetiva para uma zona de plena visibilidade" (p. 17).

Mas se Freud fala da criança curiosa e investigadora da pulsão do saber, também aborda a tendência neurótica de não querer saber:

> O modo pelo qual as crianças reagem à informação recebida também é significativo. Em algumas a repressão sexual está tão adiantada que elas não dão ouvidos a nada; essas crianças conseguem permanecer ignorantes mesmo na vida adulta – aparentemente ignorantes, pelo menos.

---

64 Uma nota do editor esclarece que esta parte foi acrescentada ao texto em 1915.
65 Ver também o caso de Vicente, apresentado no Capítulo 2 deste livro.

A criança interrompe sua investigação, por exemplo, diante da evidência da castração materna, da qual nada quer saber. Outro exemplo trazido por Freud (1908) é o das crianças que até admitem que outras pessoas possam manter relações sexuais, mas os seus pais não. A relação sexual dos pais da qual a criança é fruto, fica para ela no campo do irrepresentável e, portanto, sua origem não pode ser outra coisa que uma construção mítica. É justamente aí que se situa todo o debate freudiano sobre a cena primária reconstruída na análise do Homem dos Lobos.

Para Lacan (1972/1973), três grandes paixões acometem o homem: o amor, o ódio e a paixão pela ignorância. O neurótico é aquele que nada quer saber. A própria noção de recalque em Freud anuncia esta paixão pela ignorância que influencia a maneira como o sujeito da psicanálise tenta dar conta da questão da origem, ou seja, criando mitos, fabulações, romances; enfim, ficções, que são a matéria-prima para a construção de sua própria história. Contudo, diz Kehl (2001a), a fabulação não tem apenas uma função defensiva, mas este exercício diário de dar sentido à vida tem um aspecto vital, criativo e necessário.

Na clínica, afirma Costa, são as ficções que dão vestimenta ao Outro, que se apresenta ali não apenas em sua face de linguagem, mas adquirindo a consistência de uma presença, de um corpo. Assim, as teorias sexuais infantis nada mais seriam que uma tentativa de criar "um corpo de ficção no lugar da relação mãe-criança" (COSTA, 1998, p. 62). É desta maneira que a criança tentará interpretar o real. A autora ressalta que esse movimento não é exclusivo da criança, ou seja, não acontece apenas como resultado de seu "desconhecimento" da relação sexual, mas é compartilhado pela mãe, pois esta precisa tomar o corpo do filho como se fosse seu.

> O corpo ficcional enunciado do lado da criança é produto da relação de engano mútuo mãe-criança. Orienta-se na única forma de tornar uma relação possível: tomando o imaginário – uma ficção – pelo real". (COSTA, 1998, p. 63)

5.4 A constituição do sujeito e o fantasma fundamental

A mãe a *embonecava*. Não podia pular, brincar, arrastar-se no chão. O sapato era de verniz, poderia riscar, a meia era de renda, poderia rasgar, o vestido precisava permanecer limpo. *Mas eu me submetia! Então eu já não sei mais se eu me submetia porque eu também já era assim, porque para mim não era importante me jogar no chão, pular, ou se me tornei assim por causa dela.*

É a partir do desejo de um Outro e determinado pelos significantes primordiais que lhe são ofertados, bem como pela montagem de um fantasma[66] fundamental, que um sujeito pode vir a se constituir. É justamente o fato de que um indivíduo está alienado no desejo do Outro e assujeitado pela linguagem, o que possibilita a ele advir como sujeito. É a partir daí que ele pode vir a construir um lugar singular para si próprio na cadeia de significantes que o antecede e no desejo que o antecipa, tornando-se ele próprio desejante.

Um sujeito é, em parte, o resultado da castração da mãe, ele é a evidência de que sua mãe deseja e, portanto, de que algo lhe falta. Ou seja, um sujeito só existe porque o Outro é castrado. Mas, como vimos antes, é justamente desse real insuportável que ele se esquiva. Supor um Outro sem furos é uma ilusão que o neurótico tenta sustentar a qualquer custo e é, aliás, o que o fará supor um saber ao analista na relação transferencial. O fantasma, composto por elementos simbólicos e imaginários, serve justamente para recobrir o real, por isso dizemos que ele tem uma função defensiva, protege o sujeito da angústia frente ao que não pode representar, angústia frente à mãe devoradora cujo desejo permanece para ele como enigma que tenta incansavelmente decifrar. Que quer o Outro de mim?

O fantasma é construído justamente para tentar responder ao desejo do Outro. Como coloca Leguil (1993, p. 48):

---

66   Há alguma confusão em torno do termo fantasma, a começar pelo fato de que ele é empregado como sinônimo de fantasia. Preferimos adotar o termo "fantasma" à fantasia, justamente para marcar a diferença de que não estamos nos referindo a qualquer fantasia, mas ao que Lacan chamou de "fantasma fundamental", sempre usado no singular, aquele cuja travessia coloca-se como principal percurso de uma análise. Contudo, sabemos que mesmo dentro da literatura psicanalítica francesa, os dois termos são usados como sinônimos, dependendo da escolha do tradutor, assim que é também bastante comum encontrarmos este conceito referido como "fantasia fundamental".

> O fantasma inconsciente, construído na história do sujeito, responde a tudo que para ele é enigmático. É o modo inconsciente pelo qual respondeu a tudo o que o angustiava, na sua história, a tudo o que o angustiava como vindo do Outro. É um gozo que é fantasmado para preencher o Outro: a ideia que ele faz do que conviria ao Outro, como suas teorias sexuais infantis – o sujeito nada sabe do desejo dos seus pais e lhe é, portanto, necessário, construir teorias.

Um adolescente, cujo talento musical revelou-se muito cedo e foi bastante incentivado pelos pais, no momento do vestibular, para a surpresa de todos, inscreveu-se para o curso de Administração de Empresas. Os pais, ambos empresários, perplexos diante da escolha do filho, resolvem sentar para conversar com ele sobre o assunto, questionando sua escolha. Este, por sua vez, demonstra também sua surpresa diante da revelação dos pais de que sempre lhes parecera óbvio que o filho optaria pelo curso de Música. O filho, então, fala de sua certeza de que o desejo dos pais era de que ele desse continuidade aos negócios da família e, para corresponder a essa suposição, achou que deveria desistir da música.

Há *nuances* neste episódio que não pretendemos explorar aqui, mas este pequeno fragmento já é suficiente para pensarmos sobre o delicado terreno em que se articula o desejo. Seu fantasma, bem como os significantes primordiais que lhe são ofertados – a amarração ao desejo do Outro da qual parte –, constituem as balizas a partir das quais um sujeito precisa trabalhar para encontrar um lugar possível para si próprio. Porque não é autônomo, porque carrega sempre o enigma do desejo do Outro que tenta decifrar, a questão sobre qual é o *seu* desejo mobiliza o sujeito ao longo da vida e, mais ainda, durante uma análise, lugar em que esta pergunta é constantemente recolocada, até que o neurótico possa deparar-se com o lugar vazio de demandas do Outro.

Ao longo do caminho, dependendo da posição que ocupa diante do Outro, um sujeito expõe-se a equívocos, engodos, oferece seu corpo em sacrifício, sofre, goza, faz sintomas, arma arapucas para si mesmo. É por meio da transferência que uma análise poderá acessar e intervir nessa relação do sujeito com o Outro, abrindo caminho para que ele possa vir a ocupar novas posições subjetivas. Embora as amarras que o determinam criem as condições necessárias para que do desejo dos pais advenha um sujeito, um afrouxamento de tais amarras é um dos efeitos importantes de uma análise, trazendo para o analisando um tipo de liberdade muito diferente de qualquer outra coisa já experimentada por ele. Como coloca Leguil (1993, p. 14):

> É necessário fazer cair, um por um, os significantes-mestres, de modo que os sujeitos creiam cada vez menos no Outro; que, no final das contas, ele não hesite demais em ver-se livre do Outro, servir-se dele, ou seja, perceber que este Outro também era um fantasma. A tarefa do analista é fazer com que o sujeito possa ir neste caminho, lentamente, por si próprio. Que ele vá, lentamente, com seus próprios passos, para este autotraumatismo.

As mudanças no lugar ocupado pelo sujeito em relação ao Outro, trazem como consequência diferenças concretas na maneira como esse sujeito conduz a própria vida. "Mudar o sujeito é mudar sua relação com o gozo" (LEGUIL, 1993, p. 45). A associação livre convoca o sujeito a "fazer um inventário de toda a combinatória significante da qual ele é efeito" (p. 49), pede que ele suspenda todo o julgamento, que "tome distância de seus ideais" (p. 51). Quando pedimos ao analisando que respeite a regra fundamental, ele é colocado sob transferência. O analisando passa a se perguntar qual é o julgamento que o analista fará do que ele diz, coloca o analista no lugar de Ideal - ele tem o saber maravilhoso que tudo explica. Ao se calar, o analista reenvia o sujeito à relação enigmática com o desejo do Outro. A pergunta do analisando passa a ser: o que quer o analista (o Outro) de mim? O silêncio do analista, ou seja, o fato de que ele não responde à demanda de amor que lhe é endereçada, faz com que, aos poucos, passe do lugar de Ideal para o lugar de *objeto a*, isto é, o analista transforma-se na causa de tudo o que o analisando diz.[67]

Mas como identificar o fantasma no cotidiano da clínica? Nasio (1992) faz uma descrição bastante objetiva da maneira como o fantasma se apresenta durante uma análise. Ele costuma aparecer como

---

67 Trabalhamos isso no Capítulo 4. Ver o item "O analista passa a fazer parte do enredo".

uma cena, um roteiro com personagens próprios, que o analisando consegue relatar, embora permaneça para ele como algo enigmático. Ele vive esta cena como um elemento enxertado que se impõe a ele e se repete independentemente de sua vontade. O fantasma pode aparecer não só como relato desta cena em análise, mas também em sonhos, devaneios e ações. Essa trama, em geral, desenvolve-se como um roteiro perverso, que muitas vezes é o estímulo desencadeante para um orgasmo, colocando-se para o analisando como uma prática vergonhosa que, por essa razão, muitas vezes só poderá ser relatada em análise muito tardiamente.

Contudo, como coloca Leguil (1993, p. 20), ao falar de seu sintoma, o analisando termina por confessar seu fantasma. Isso de maneira alguma significa que o sujeito passe a conscientizar-se do seu fantasma. O fantasma permanece inconsciente, impossível de dizer.

> A travessia do fantasma não é uma significação nova entregue ao sujeito, é um vivido da pulsão. Mas a pulsão é justamente o silêncio, o que mostra muito bem que, quando se vive a travessia do fantasma, estamos no silêncio.

Ponto de sustentação de seu ser no início da análise, o fantasma, após sua travessia, não desaparece, mas, como coloca Leguil (1993, p. 26), "o sujeito não pendura mais ali o seu destino".

5.5 A função materna e os pais suficientemente narrativos

Quando viemos ao mundo, ele nos espera cheio de palavras, de significantes e também de narrativas, de mitos familiares, de ficções, de histórias que nos contam (e que não nos contam)[68] sobre a vida, sobre nossa família, sobre os outros, sobre nós mesmos. Porque nascemos em um mundo de linguagem e porque existimos no desejo e no discurso de um Outro antes mesmo de nosso nascimento, estas palavras, estes significantes primordiais, estes enredos são ofertados como matéria-prima fundamental para a montagem de nossa própria história, para a difícil e contínua tarefa de tentarmos dizer quem somos. Ou seja, parte

---

68 Ver o caso de Vicente no Capítulo 2, item "O não resolvido da geração anterior".

importante de nossa história coloca-se para nós como algo que já foi escrito, como um material que herdamos muitas vezes sem dele nada saber, a partir do qual se fará a montagem de um fantasma.

Tais palavras e narrativas vão tecendo uma rede de significações que nos acolhem no mundo, nos oferecendo um lugar. *Seu nascimento nos trouxe muita alegria, era o primeiro filho, primeiro neto, primeiro sobrinho. Esperamos muito por você. Quando a enfermeira trouxe você para mamar ela me disse: esse não te dará trabalho, ele nem chora, só resmunga. Quando eu nasci foi uma grande decepção... depois de três meninas, meus pais queriam muito um filho homem. Desde bem pequeno já gostava de música, era só ouvir um ritmo qualquer que se punha a dançar. Meus pais me deram o mesmo nome de um irmão, que morrera ao nascer, um ano antes [...]. Perdemos três bebês antes dele, quando Pedro chegou, grudamos nele.*

No longo processo de constituição de um sujeito, uma das tarefas primordiais dos pais e cuidadores é justamente a de significar o mundo para a criança, dar-lhe sustentação com palavras e sentido. O que costumamos chamar de função materna – aqui o termo "função" é importante, pois enfatiza que essa pode ser exercida por outra pessoa que não necessariamente a mãe – envolve os cuidados primordiais com o bebê, o que inclui mapear seu pequeno corpo, contorná-lo, dar voz às suas angústias e desconfortos, contê-las por meio de um invólucro de palavras, nomear, interpretar e significar para ele as primeiras sensações de estar no mundo. Como coloca Golse (2003), o encontro entre um adulto e um bebê pode ser concebido como um "espaço de narração".

Na condição de desamparo em que viemos ao mundo, os pais ou cuidadores são nossa principal referência e é a partir do que vem deles que podemos vir a fazer nossas próprias leituras e construir nossa própria história. É assim que o bebê pequeno, ao cair, interpretará a expressão facial da mãe para então decidir se deve chorar ou simplesmente levantar-se para o próximo tombo. É assim também que de balbucios sem sentido os pais escutarão uma primeira palavra, antecipando ali um sujeito, que só poderá advir justamente porque tal antecipação se faz.

Ao tratar da função dos contos de fada para as crianças, Diana e Mário Corso (2006), no livro *Fadas no divã*, falam desses textos como um repertório que os pais e a cultura oferecem a seus filhos e que pode servir-lhes como recurso diante das dificuldades e conflitos enfrentados na vida. Chamam a atenção para o fato de que as crianças não costumam ter o mesmo apego pelas versões mais amenas – politicamente corretas ou intencionalmente didáticas – que se criaram mais recentemente, preferindo escutar as histórias em toda a sua complexidade, colorido terrorífico, cruel e assustador.

> As crianças não se esquivam de assuntos cabeludos, inclusive às vezes os enfrentam de forma bem ousada. É bem por isso que tantas dessas narrativas permaneceram conosco pelo resto da vida, graças à riqueza que emprestaram e seguem oferecendo como auxílio diante de encruzilhadas e dificuldades que continuam se interpondo no caminho. (CORSO & CORSO, 2006, p. 304)

Os autores trarão à baila a ideia de "pais suficientemente narrativos",[69] uma versão própria da mãe suficientemente boa winnicottiana, que aponta para a importância do narrar para a sustentação e o amparo psíquico das crianças. Os pais suficientemente narrativos não são necessariamente dotados de talentos literários especiais, mas conseguem transmitir para a criança um acervo de histórias que lhe servem como recurso para viabilizar a própria vida.

No caso dos contos de fada, não se estaria mais no território das primeiras marcas, da construção dos primórdios do eu, mas no momento não menos importante e ainda fundador da infância. Como coloca o casal Corso (2006, p. 304), "é uma sorte que na mesma época em que estamos em formação, arrumando as malas que conterão os fundamentos que vamos levar na viagem pela vida afora, sejamos consumidores vorazes de ficção". Contudo, poderíamos dizer que ser suficientemente narrativo é necessário desde estes primórdios da constituição do eu, como vimos em relação à função materna, ou mesmo antes disso, quando consideramos que uma criança já existe no desejo e no discurso de seus pais antes mesmo de seu nascimento.

---

69 Os autores dão preferência ao termo "pais suficientemente narrativos" para enfatizar que o ato de narrar contos de fada para os filhos não se situa nos primeiros momentos da função materna, mas é posterior, podendo ser feito por ambos os pais. Outro argumento que favorece esta nomenclatura é que, na atualidade, cada vez mais o pai tem participado ativamente nos primeiros cuidados com o bebê.

Assim, dos ditos que antecedem o nascimento às constelações dos mitos familiares, dos segredos e não ditos às falas repetidas à exaustão, dos significantes primordiais à montagem de um fantasma fundamental, passando pelos cuidados primeiros com o bebê e chegando às importantes vivências da infância, esses momentos fundadores de um sujeito estão marcados pela presença dessas vozes que imprimem significantes, que entoam melodias e palavras, que demarcam a passagem do tempo, que contam histórias, que calam e omitem algumas partes, que não encontram palavras, que narram a vida.

E o que acontece quando a narração é insuficiente? Não é incomum observar, dirá o casal Corso (2006), que pais demasiadamente silenciosos ou deprimidos resultem em filhos com pobreza subjetiva. Era algo dessa ordem o que se passava com Clarissa, oito anos, trazida pelos pais por apresentar graves problemas de aprendizagem, quando do início de sua análise.

5.6 Clarissa, para quem faltavam as palavras

Este foi um daqueles casos desafiadores. Desafiava, em primeiro lugar, a ideia de que um analista deve esperar pelo que vem de seu paciente. Clarissa entrava na sessão, baixava a cabeça entre os braços na mesa, sem me dirigir a palavra ou o olhar. Não se interessava pelos brinquedos, não respondia nenhuma pergunta que eu fizesse. Eu estava tão habituada às crianças que já chegavam propondo brincadeiras, jogos, desenhos, mas Clarissa permanecia ensimesmada, como se nada no mundo lhe despertasse qualquer interesse. O que eu deveria fazer? Esperar que algo viesse dela? Por quanto tempo? O desconforto daquela situação não terminaria levando a uma interrupção do tratamento antes mesmo que ele tivesse começado? Colocar-me em uma posição mais ativa? Mas como fazê-lo sem desrespeitar Clarissa, sem ser invasiva, sem impor a ela minha própria subjetividade?

Passaram-se algumas sessões assim, sem que nada acontecesse, até que eu mesma me pus a desenhar e a lhe contar histórias sobre os meus desenhos. Mas, na época, aquilo me parecia muito estranho. O que afinal eu estava fazendo? O que havia de analítico naquilo?

Por mais que tentasse lhe contar histórias que lhe dissessem respeito de alguma forma, era o meu próprio repertório, os meus significantes que se colocavam em pauta. E o pior, Clarissa continuava impassível, ignorando meus esforços em tentar uma aproximação com ela.

Até que um dia seu silêncio se rompeu. Eu havia feito o desenho de uma família e narrava a ela uma história inventada, quando atribuí ao cão da família um nome qualquer. Para minha surpresa, ela levantou a cabeça da mesa, dizendo que não era aquele o nome do cão. *É mesmo?* Digo, sorrindo por dentro. *E qual seria o nome dele?*

Começava ali um novo momento da análise, a partir do qual pude ir me retirando aos poucos, à medida que Clarissa podia aparecer.

Clarissa era a filha "temporona" de uma família extremamente silenciosa. Calada pela timidez, pela pobreza simbólica, e também pelos pudores e radicalismo de uma religião que tudo proibia. Nada de rádio, televisão, diversão. Música, apenas a religiosa. Tinha pouco acesso a brinquedos e me relatava que muitos deles estavam *guardados para não estragar*. Recebia muito amor, é verdade, mas poucas palavras. A impressão que eu tinha é que o longo percurso que fazia de ônibus até a clínica, geralmente acompanhada da mãe, mas às vezes também do pai ou de um dos irmãos mais velhos, era percorrido sempre em silêncio.

Nas conversas com os pais, estes eram lacônicos. Ficava evidente suas dificuldades em contar qualquer coisa sobre a menina. Boa parte de sua história caíra no esquecimento. Por outro lado, lembro que em certa ocasião, quando perguntado sobre sua religião, o pai se transformou imediatamente. Ao tocar neste tema, tornava-se extremamente falante, seu tom de voz mudava, embebia-se de um entusiasmo artificial. Não parecia ser ele quem falava. Punha-se a repetir um jargão religioso muito bem decorado e sumia de seu discurso qualquer hesitação. Queria catequizar-me, trazer até mim *a palavra de Deus*. Com isso, ficava impossível escutar as suas próprias palavras. Parecia ser uma dificuldade desta família poder falar de si em nome próprio, falavam apenas por meio dos ditames prontos que vinham de sua religião.

Uma coisa me chamava muita atenção durante as sessões com Clarissa. Quando perguntada sobre como foi determinado passeio descrito pela mãe como algo que aconteceu no final de semana, ela respondia com frequência, *eu não fui*. Custei a entender que ela não ia mesmo aos passeios. Não porque não estivesse estado lá fisicamente, mas porque para ela a experiência simplesmente não se inscrevia. Não era de se admirar que também não pudesse aprender. Como poderia afetar-se pelos efeitos da aprendizagem se não fazia registro de suas experiências?

Aos poucos foi ficando mais claro para mim que faltava para Clarissa alguém que lhe falasse sobre aquilo que experienciava, que lhe narrasse o que lhe acontecia, que lhe ajudasse a fazer uma intermediação entre os acontecimentos e o que se pode contar deles, para que algo disso pudesse fazer nela alguma marca. É bem possível que essa insuficiência narrativa já estivesse lá em um momento bem precoce, nos termos do que descrevemos anteriormente como função materna. Ninguém havia apresentado o mundo para Clarissa, dando-lhe um nome dotado de algum sentido. Ninguém havia alimentado seu imaginário de forma que ele viesse a ser minimamente compartilhável. Ela ia aos lugares, mas não estava lá, nada tinha a dizer sobre algo que não se dava para ela como uma experiência.

O trabalho com Clarissa foi para além das quatro paredes do consultório. "Mostre-lhe o mundo!", dizia-me minha supervisora. E foi assim que ganhamos a rua, fizemos coleção de folhas, de gravetos, de tampinhas, observamos as pessoas que passavam na calçada, comparamos os diversos tipos de carros – atividades sempre bem-acompanhadas de palavras e seguidas de convocações a tentar evocá-las, narrá-las em um tempo *a posteriori*. Nestes jogos, pude ir deixando o lugar de quem conduzia a brincadeira para ocupar o lugar de testemunha. A testemunha que tanto lhe fizera falta para que suas experiências pudessem marcar seu próprio corpo e lhe servissem como experiências de fato.

Clarissa foi aos poucos ganhando vida, graça e uma desenvoltura para o brincar criativo que lhe eram totalmente estrangeiras quando começamos.

Simone Rickes (2005) fala do constante pedido que as crianças fazem ao analista durante as sessões de que ele escreva algo ditado por elas, dando ao analista o lugar de "escriba" (aquele que exerce a profissão de copiar manuscritos, muitas vezes ditados; copista). Com tal pedido, garantem que algo fique registrado, que tenha a permanência necessária para que uma história não se esvaneça. "O analista, na generosidade da transferência, empresta o papel/registro para que o pequeno possa escrever os contornos singulares de sua estruturação frente ao Outro" (RICKES, 2005, p. 43). Apesar de que neste caso, especificamente, não se trate de literalmente escrever, acredito que minha presença na transferência foi fundamental para que Clarissa pudesse fazer registro de suas experiências.

Embora este livro não pretenda abordar as especificidades relativas à análise de crianças com relação ao lugar dos processos de ressignificação no trabalho analítico, é importante demarcar que há diferenças nesse sentido quando lidamos com pacientes ainda em processo de estruturação. Com as crianças, em especial com aquelas com sérios comprometimentos do desenvolvimento, muitas vezes o trabalho vai mais no sentido de poder construir uma história, um romance, um lugar a partir do qual ela possa enunciar-se – nesses casos, trata-se de "alimentar" o imaginário – do que se lançar em um trabalho desconstrutivo.

Contudo, isso não quer dizer que boa parte do trabalho analítico ainda na infância não envolva processos de ressignificação e desconstrução,[70] sobretudo quando nos encontramos no âmbito das neuroses. Sabemos que mesmo uma criança muito pequena é capaz de falar em retrospecto, gerando efeito de riso nos adultos que a cercam quando enuncia um "quando eu era pequena [...]", do alto de sua tenra idade. Os analistas de crianças, não raro, testemunham falas de seus pequenos pacientes que são evidência de um trabalho de ressignificação, efeito de uma mudança de lugar subjetivo: *Quando eu cheguei aqui eu estava muito triste com a separação dos meus pais, agora já não estou mais.* Crianças sentem e, muitas vezes, verbalizam os efeitos

---

[70] Como vimos no Capítulo 1, construção e desconstrução são tomados como movimentos simultâneos. O caso de Vicente, apresentado no Capítulo 2 é um bom exemplo de que há, sim, desconstrução na clínica com crianças.

de uma análise. A frase dita por Vicente em sua última sessão, como vimos no Capítulo 2, aponta para uma clara mudança em sua posição, depois de esclarecido o não dito com o qual fez sintoma: *Eu achava que era eu quem era adotado.*

Ter vivido poucos anos nem sempre significa ter uma história de vida menos complexa, como atestam alguns casos. Recebi certa vez uma criança que com um ano e meio de idade já havia sido adotada e devolvida três vezes. E se é verdade que a plasticidade é maior na infância, garantindo maior possibilidade de mudança e muitas vezes em menor tempo que com os adultos, isso não quer dizer que as crianças e suas famílias não venham para análise com verdades estabelecidas, posições subjetivas cristalizadas, *scripts* a serem desconstruídos. Enfim, o trabalho analítico na infância também é feito de ressignificações.

Por outro lado, algumas análises de adultos exigem predominantemente um trabalho de construção e mesmo análises nas quais os processos de desconstrução predominam, sempre apresentam, também, um trabalho construtivo simultâneo. Assim, talvez não seja frutífero pensar em uma associação direta entre análise de crianças/construção e análise de adultos/desconstrução, mas, mais uma vez, considerar as particularidades de cada caso e o momento de cada análise.

Entre outras coisas, Clarissa nos faz pensar sobre o que é uma experiência, além de como ela se articula com a narrativa e em como tal articulação se faz presente no processo analítico.

5.7 O soldado calado, o velho e o viajante: transmissão da experiência em Walter Benjamin

No artigo intitulado "Experiência e pobreza", Walter Benjamin (1933) denuncia o declínio da experiência na vida moderna. O texto vai deixando claro que a *experiência* e a *pobreza* referidas no título, na verdade se entrelaçam no que ele chama de *pobreza **de** experiência*. Vivemos em um mundo em que "a existência se basta a si mesma, em cada episódio" (BENJAMIN, 1933, p. 119), em que é cada vez mais difícil *deixar rastros*, e os soldados voltam do campo de batalha "mais pobres em experiências comunicáveis", pois estas não são "transmissíveis de boca em boca" (p. 115). A transmissão do vivido ao longo das gerações, a partir da autoridade do velho e da tradição oral, foi perdida:

> Quem encontra ainda pessoas que saibam contar histórias como elas devem ser contadas? Que moribundos dizem hoje palavras tão duráveis que possam ser transmitidas como um anel, de geração em geração? Quem é ajudado, hoje, por um provérbio oportuno? Quem tentará, sequer, lidar com a juventude invocando sua experiência? (BENJAMIN, 1933, p. 114)

No texto de 1933 encontramos já esboçadas várias das questões que serão retomadas em 1936, no artigo intitulado "O narrador. Considerações sobre a obra de Nikolai Leskov". Aqui o autor anuncia o fim da narrativa, uma vez que nos encontramos privados de nossa faculdade, antes inalienável, de intercambiar experiências. Se Benjamin (1936) inevitavelmente soa saudosista, isso de maneira alguma tira a riqueza e a relevância de seus argumentos para alegar a extinção da narrativa tradicional.

Para ele, o que se perde na Modernidade é justamente a dimensão compartilhável que as narrativas, antes, apresentavam e que se esvanece nas novas condições da vida moderna, na qual a figura do narrador oral, dotado de *sabedoria* e experiência, que sabe *dar um bom conselho*, simplesmente desaparece. Aqui é interessante ressaltar a definição de conselho dada por Benjamin (1936), uma vez que a psicanálise sempre se preocupou em demarcar sua diferença em relação a práticas que envolvem o aconselhamento. Como aponta Gagnebin (2004), na definição benjaminiana não prevalecem as características psicológicas e pragmáticas, o conselho não se coloca como algo definitivo, mas envolve as hesitações e as angústias de uma história que permite vários desenvolvimentos possíveis, várias conclusões desconhecidas, até mesmo lembrando, segundo a autora, o processo analítico:

> Aconselhar é menos responder a uma pergunta que fazer uma sugestão sobre a continuação de uma história que está sendo narrada. Para obter essa sugestão, é necessário primeiro saber narrar a história

> (sem contar que um homem só é receptivo a um conselho na medida em que verbaliza a sua situação). O conselho tecido na substância viva da existência tem um nome: sabedoria. A arte de narrar está definhando porque a sabedoria – o lado épico da verdade – está em extinção. (BENJAMIN, 1936, p. 200)

Esta figura sábia que domina a arte de aconselhar, que senta para contar histórias de forma *artesanal*, "imprimindo na narrativa a marca do narrador, como a mão do oleiro na argila do vaso" (BENJAMIN, 1936, p. 205), é condensada na imagem do *viajante que vem de longe* e tem muito a contar, ou na do *camponês sedentário* "que ganhou sua vida honestamente sem sair de seu país e que conhece suas histórias e tradições" (p. 198). Em ambos os casos, há um saber que adquire sua autoridade justamente porque vem de um outro lugar, marcado pela distância do que é estrangeiro ou do que vem de outras gerações, como coloca Lúcia Serrano Pereira (2005, p. 11):

> Essa autoridade que se decanta da experiência do narrador é, de um lado, de gerações que se perdem de vista na articulação temporal e, de outro, de terras distantes que também têm seus limites espacialmente difusos. Ou seja, há um insondável em jogo que nos permite pensar nas formas pelas quais o campo do Outro se apresenta na relação com a narrativa e com o saber.

Nas palavras do próprio Benjamin (1936, p. 199):

> No sistema corporativo, associava-se o saber das terras distantes, trazidos para casa pelos migrantes, com o saber do passado, recolhido pelo trabalhador sedentário.

Ao desaparecimento desses narradores orais, somam-se outros fatores que Benjamin (1936) associa ao declínio da narrativa. Entre eles, o autor trará desde o nascimento do romance, no início do período moderno, até o surgimento de uma relação diferenciada com a morte; passando também pela questão do predomínio da informação. Assim, o romance, que tem sua difusão vinculada ao livro, distancia-se da tradição oral e tem sua origem no indivíduo isolado.

"Quem escuta uma história está em companhia do narrador", enquanto "o leitor de um romance é solitário" (p. 213).

Também a informação não está a serviço da narrativa, pois "os fatos já chegam acompanhados de explicações" (BENJAMIN, 1936, p. 203), perdendo a amplitude da narração, que deixa o sujeito livre para fazer a própria interpretação do que escuta. Enquanto a informação só tem valor por ser nova, com a narrativa é justamente o contrário, ela conserva suas forças depois de muito tempo, "contar histórias sempre foi a arte de contá-las de novo". A narração "não está interessada em transmitir o 'puro em si' da coisa" (p. 205), não se trata de fazer um relatório.[71]

5.8 Morte, transmissão e castração

Quanto às mudanças na maneira de se colocar diante da morte, talvez esteja aqui a parte mais interessante da argumentação de Benjamin (1936). De episódio público, compartilhado, a morte passa a ser, a partir das instituições higiênicas e sociais produzidas pela burguesia do século XIX, cada vez mais afastada do mundo dos vivos. Com o fim da morte *espetáculo*, da morte *exemplar*, perde-se também um fecundo momento de transmissão da experiência, já que mesmo um *pobre-diabo* possui, ao morrer, uma *autoridade* diante dos vivos. Tal autoridade está na origem da narrativa. "A morte é a sanção de tudo o que o narrador pode contar. É da morte que ele deriva sua autoridade" (BENJAMIN, 1936, p. 208).

Se, como vimos ao longo deste percurso, há um legado que é transmitido a um sujeito mesmo ainda em vida, é interessante pensar nesse momento da morte como solene, que traz à tona a questão da transmissão e da herança, marcando de forma pontual o instante em que se passa o bastão para a geração seguinte, o ponto final de uma vida que permanecerá nos que ficam, por meio das marcas, dos rastros, dos traços do que foi possível transmitir. Benjamin (1936) fala de um *poder de evocação* que a morte tinha e foi se perdendo. O que seria isso? O que se evocaria no leito de morte de alguém?

---

71 Isso vale para pensar o que debatemos no capítulo anterior sobre a questão da anamnese. Ver o item "Não se trata de obter informações".

Uma resposta possível talvez seja a de que o que se evoca é a própria vida. Como viveu este sujeito? O que sua vida tem a nos ensinar sobre a maneira como conduzimos nossa própria existência (daí a denominação de *morte exemplar*, sugerida pelo autor)? O que este limite máximo e intransponível evoca sobre nossos próprios limites e a maneira como nos colocamos diante deles? O que fazer com a nossa vida quando somos lembrados de que ela é finita? Que sentido dar a ela?

Se para o sujeito moderno a construção da história de sua vida é uma tarefa cotidiana a qual se lança sozinho,[72] a morte coloca-se como o ponto final do romance que tece/no qual é tecido e que tem a si próprio como personagem principal. Nesse sentido, é a morte que organiza a vida e, apesar de normalmente não nos ser dado saber exatamente qual será esse momento, a certeza de que a morte um dia virá está colocada para todos os seres viventes. Não é justamente isso que nos permite viver com o mínimo de urgência necessária para que façamos alguma coisa com a própria vida? Por que nos incomodaríamos em realizar qualquer coisa se tivéssemos a eternidade diante de nós? Qual a urgência de fazer algo *hoje* quando a existência de um *amanhã* se coloca como possibilidade infinita? Se a perspectiva da morte, da finitude, nos é tão dolorida e complexa a ponto de sequer podermos representá-la, a hipótese de uma vida eterna lança o sujeito na dimensão do intolerável.

Mas que narrativa, então, seria possível neste mundo tão apartado da capacidade de compartilhar a experiência? Segundo Gagnebin (2004), o pensamento de Walter Benjamin traz mais do que o tema aparente de uma harmonia perdida. Para além do fim da tradição e da experiência compartilhada, o que se opõe à tarefa de retomada do passado é a realidade de um sofrimento tão grande que não pode ser comunicado, "que não pode dobrar-se à junção, à *sintaxe* de nossas proposições" (p. 63). Como bem lembra Lúcia Serrano Pereira (2005), o soldado do início do século XX, retratado por Benjamin (1933), que volta da guerra emudecido, mais pobre em experiências

---

72 Este tema foi abordado com mais detalhes no Capítulo 4.

comunicáveis, é o mesmo que fará Freud (1920) retomar sua teoria do trauma, a compulsão à repetição e a pulsão de morte em *Além do princípio do prazer*.

Ou seja, a denúncia benjaminiana do trágico fim da experiência compartilhável remete a um caro tema para a psicanálise e que não necessariamente se deve ao fim da tradição oral, como argumenta o autor, mas ao fato de que há sempre uma parte da experiência que não é transmissível e que não cabe nas palavras (sejam elas contadas oralmente, escritas ou pronunciadas desde o divã). Assim, se é verdade que o homem moderno é deixado no desamparo do individualismo e do desaparecimento das narrativas coletivas que o sustentavam, tendo que criar sua própria rede de sustentação, tal dificuldade só vem a somar-se com esta outra, que diz respeito não às características da Modernidade, mas à relação do homem com a linguagem. Ou seja, seu emudecimento diante de certas experiências diz de um real intransponível e de sua submissão às leis da linguagem, que lhe impõem um limite quanto ao que pode ser dito.

Vale ainda marcar que há sim um solo comum para o homem individualista moderno, como lembra Maria Rita Kehl (2001a), qual seja, a própria vivência de solidão e exclusão. "A perda do sentido da vida, nas sociedades em que cada um deve inventar a própria vida, é justamente a experiência compartilhada por todos os sujeitos modernos" (KEHL, 2001a, p. 87). Já que não há caminho de volta, já que não é possível o resgate de uma vida comunitária pré-moderna, voltemos, então, para a mesma pergunta: que narrativa é possível neste contexto?

5.9 Outra narrativa, outra posição subjetiva

Para Gagnebin (2004, p. 63), apesar de não resolver a questão que encaminha, Benjamin, mesmo assim, trará à baila o desafio de pensar uma outra forma de narrativa:

> Como descrever esta atividade narradora que salvaria o passado, mas saberia resistir à tentação de preencher suas faltas e de sufocar seus silêncios? Qual seria esta narração salvadora que preservaria, não obstante, a irredutibilidade do passado, que saberia deixá-lo

inacabado, assim como, igualmente, saberia respeitar a imprevisibilidade do presente?

Não seria justamente neste sentido que poderíamos ler a passagem do romance ao conto sugerida por Lacan como o percurso de uma análise? Antes de retomarmos esta ideia, seria prudente fazermos algumas ressalvas. Caberia perguntar, por exemplo, de que romance[73] e de que conto se fala, já que tais gêneros literários sofrem variações ao longo de diferentes épocas históricas. Como já foi afirmado antes, se a narrativa é tradicionalmente compreendida como o contar de uma história com início, meio e fim, como uma estrutura que organiza os fatos em uma linha de tempo, a literatura (ou o cinema) também nos brinda com inúmeros casos nos quais essa estrutura é colocada em questão, em que o que se anuncia não é a linearidade do tempo, mas justamente a impossibilidade de fazer a vida caber dentro desses moldes e os limites de tal empreitada.

Assim, talvez a maior ou menor sensibilidade de determinada produção literária para tal questão dependa mais da habilidade e estilo de cada escritor, ou ainda melhor, do quanto o autor se deixa permear pelo seu próprio inconsciente, do que propriamente do gênero literário por meio do qual ele escolhe se expressar. Dito de outro modo, um conto pode apresentar-se de forma bastante linear, bem como um romance pode ser marcado por tempos descontínuos, deixando em evidência a impossibilidade de tudo dizer, de tudo abarcar. Nesse sentido, se for mesmo para optar por algum gênero literário capaz de dizer algo sobre o processo analítico, talvez o mais apropriado seria comparar a análise à poesia, como também fez Lacan, mais especificamente, à poesia moderna. Neste gênero, encontramos um desprendimento radical em relação a um comprometimento com a linearidade do tempo, com sequências narrativas, com o contar de

---

[73] Maria Rita Kehl (2001a, p.89) refere-se ao romance oitocentista, relacionando-o com a tendência neurótica de tudo dizer: "A possibilidade de o sujeito narrar-se sob a forma moderna do conto, ou talvez do poema, representa a conquista de uma elegância que o pesado romance oitocentista está longe de alcançar". Hoje, no entanto, sob a classificação de romance, encontramos obras que não se limitam a uma estrutura tão fechada.

uma história estruturada e sem furos ou com a necessidade de "fazer sentido". Enfim, a linguagem poética, ao se distanciar dos modelos impostos pela racionalidade, remete de forma mais aproximada ao funcionamento do inconsciente, enfatizando a importância de tudo que permanece como não dito, das pausas como parte intrínseca da música, das alusões como tão importantes quanto o que é afirmado.

Dito tudo isso, a metáfora proposta por Lacan, bem como os desdobramentos que Laurent (1992) e Kehl (2001a) fazem a partir dela, podem ser úteis para nos ajudar a pensar o que está em jogo no percurso de uma análise, os efeitos trazidos pela ressignificação e o tipo específico de temporalidade e narrativa encontrados ali. Ao falar da passagem do romance ao conto, estes autores buscam apontar quais mudanças subjetivas são possíveis em uma análise e como elas se refletem em uma determinada construção narrativa sobre si mesmo, uma questão que este livro levanta e busca mapear a partir da ideia da ressignificação.

Como já foi dito antes, segundo Laurent (1992), a fala de Lacan referia-se a uma "contração do tempo" que o conto permitiria, que produziria um "efeito de estilo". Por sua vez, Kehl (2001a) aponta que tal passagem diz respeito a um certo desprendimento que o neurótico alcançaria em relação ao imperativo de tudo dizer, abrindo para ele a possibilidade de criar uma ficção mais imprecisa sobre si mesmo, mais capaz de sustentar os enigmas em vez de rapidamente decifrá-los. Parece que é justamente disso que Gagnebin (2004) está falando quando propõe que o pensamento de Benjamin encaminha questões que não resolve, como é o caso da busca de uma narrativa que possa dar conta do passado sem ter que "preencher suas faltas e sufocar seus silêncios", podendo deixá-lo "inacabado". É, também, nesse sentido que buscamos falar do papel da ressignificação da história de vida nos efeitos de uma análise, compreendendo-a a partir de uma concepção de tempo heterogênea, e como um processo contínuo de desconstrução/construção que jamais se coloca de forma totalizante.

Para Gagnebin (2004), este novo tipo de narrativa que o pensamento de Benjamin evoca, passaria pelo estabelecimento de uma outra relação com a morte e com o morrer. Não é disso que estamos falando quando afirmamos que um dos efeitos da análise é justamente um reposicionamento diante da castração? Isso, de modo algum, significa que a morte venha a ter alguma representação para o sujeito. Sabemos, desde Freud, o quanto isso fica no campo do impossível. Mas, se há um contorno possível para este real que se impõe, talvez ele se coloque justamente pela possibilidade de saber-se finito, imperfeito, faltante, sem que isso paralise o sujeito diante daquilo que ele pode ser. Afinal, é justamente sua condição de faltante, de sujeito barrado – ensina a psicanálise –, o que o permite desejar. Como bem diz Martha, no caso que apresentamos no Capítulo 1, não adianta lamentar-se por tudo o que não se fez, é preciso pegar o que restou e ver o que é possível fazer com isso.

5.10 A análise como experiência

Segundo Costa (2001), a impossibilidade de representar a morte remete justamente ao fato de que uma experiência, para ter esse caráter, precisa necessariamente passar pelo corpo. Por mais que vivencie a morte de um outro e sinta a dor de sua perda, ela permanece para o sujeito no lugar de enigma, já que não lhe é dado passar pela morte como experiência corporal. Assim, é somente a natureza extensa da experiência – isto é, sua passagem pelo corpo na sua relação com o outro e com o real – que produz um registro.

Um registro, afirma esta mesma autora, é o que a teoria lacaniana costuma chamar de saber, que, como vimos no Capítulo 3, diferencia-se do conhecimento ou da informação, já que o saber é corporal e, portanto, inconsciente. Esse saber inconsciente, Lacan (1972/1973) o chamou de um saber que não se sabe. Assim, o que se imprime ou transmite está do lado do saber e não do conhecimento, uma vez que este último pode permanecer como uma representação exterior à experiência. Como coloca Costa (2001, p. 48), "o saber é uma apropriação da representação pela experiência (apropriação que sempre traz uma medida de criação)". Essa apropriação não diz respeito ao entendimento ou significação da representação, uma vez que o saber não é entendido como conteúdo ideativo, mas como produção, exercício, atividade; enfim, experiência.

Como vimos a partir do caso de Clarissa, "estar lá" não garante ao sujeito que sua vivência adquira um caráter de experiência, que ela assuma um registro corporal. Algo pode se passar sem que nada fique para o sujeito. Para Clarissa, vimos como isso se relacionava a uma falta de intermediação pela palavra, algo que remetia à função materna. E o que aconteceria com os soldados emudecidos de Walter Benjamin? Padeceriam, como alega o autor, de um empobrecimento da experiência?

Como já foi dito antes, pode-se pensar que o que acontece com eles não se relaciona com não ter propriamente experimentado a guerra,[74] mas com uma incapacidade de transmitir tal experiência justamente por seu caráter excessivo, o excesso que caracteriza o que é da ordem do traumático, ou seja, uma experiência que vai para além das possibilidades que um sujeito tem de representá-la. De qualquer modo, nestes dois casos, cada um à sua maneira, encontra-se a evidência da articulação que se impõe entre experiência e narrativa, ou ainda, a indissociabilidade existente entre experiência e transmissão. A partir da Modernidade, é justamente a legitimação da experiência que se torna mais difícil, com a perda da autoridade que a garantia. A psicanálise surge justamente nessa abertura, nessa brecha que se faz com o esvanecimento dos laços sociais tradicionais que facilitavam o compartilhamento da experiência.[75]

Se a psicanálise tem algum papel nesse resgate da transmissão da experiência, se a partir de seu dispositivo a experiência do sujeito pode, de alguma maneira ser legitimada, em que medida podemos dizer que isso se dá por uma via que se aproxima do testemunho?

Há conotações diversas para a palavra "testemunho". Temos: desde um uso jurídico, no qual a figura da testemunha aparece como o

---

74 Como ressalta Maria Rita Kehl (2001b), ao afirmar que o soldado que não pode dizer nada de sua vivência, de fato não a experienciou, Benjamin está propondo que a experiência não se constitui no momento vivido, mas no momento em que se transmite. Assim, para este autor, o vivido que permanece incomunicável, não poderia ser chamado de experiência.

75 Já debatemos no Capítulo 4 como a psicanálise pode ser compreendida como produto da Modernidade e o quanto ela não faria sentido algum em uma sociedade Pré-moderna. Contudo, isso não quer dizer que sua prática vise reestabelecer o contexto cultural das sociedades tradicionais, o que seria tão pretensioso quanto impossível de realizar, bem como, provavelmente, muito pouco efetivo. Mesmo assim, é verdade que parte do debate no próprio meio psicanalítico em torno da questão do declínio da função paterna muitas vezes soa bastante saudosista, como se a solução para todos os problemas modernos fosse um retorno à autoridade perdida dos laços sociais tradicionais.

representante vivo de que algo realmente aconteceu, que foi "visto com os próprios olhos". Isso permite àquela pessoa comprovar, atestar uma verdade. Até o testemunho dos membros dos grupos de autoajuda, inspirados no modelo dos Alcoólicos Anônimos (AA), mas hoje espalhados pelo mundo e reunidos em torno de problemáticas cada vez mais diversas, em que cada membro é convocado a dar um depoimento, selado pela frase que condensa o propósito desses encontros: *thanks for sharing*.[76] Em qualquer sentido, testemunhar remete a uma tentativa de compartilhamento de uma experiência, ou, como coloca Kehl (2001b, p. 19), a um "modo de inclusão da experiência particular em uma representação compartilhada".

O fato de que uma experiência nunca cabe totalmente nas palavras, o que há de intransponível na experiência, não faz o sujeito recuar diante da tarefa de tentar contar. Kehl (2001b), trazendo para o debate a questão do holocausto, ressalta o quanto às vezes o traumático não necessariamente produz o mutismo dos soldados benjaminianos, mas justamente o contrário, traz à tona uma necessidade muito grande de falar. Ela propõe que "testemunhar é tentar produzir significação para uma catástrofe" (KEHL, 2001b, p. 20). A catástrofe da qual fala a autora, no entanto, não estaria circunscrita apenas a casos extremos como o do extermínio dos judeus, mas marcaria a vivência cotidiana do homem moderno em geral, traumatizado pela falta de discursos estáveis que lhe sirvam de referência.

> Para Felman, testemunhar é a resposta possível à crise da verdade que se instalou nas sociedades modernas, uma espécie de tentativa de cura, de saída da posição passiva na qual o sujeito é atirado no encontro com uma realidade que ele não dispõe de discurso para decifrar. (KEHL, 2001b, p. 20)

Kehl (2001b) se pergunta se não seria justamente sobre esta condição que o sujeito que busca uma análise vem testemunhar.

> A passagem por uma análise deve nos tornar menos ávidos de submissão ao pai imaginário, mais capazes de enfrentar a condição moderna

---
76   Obrigada(o) por compartilhar.

> do desamparo, que consiste em não saber – pois não há como saber – a que desejo estamos destinados. (KEHL, 2002, p. 155)

Difícil destacar exatamente o que gera qual efeito em uma análise, dado que, como vimos, seus movimentos são múltiplos. E, nesse sentido, não há um único verbo que resuma o que acontece ali em relação à história do sujeito. Em uma análise, o sujeito conta, é contado, conta-se, reconta, ressignifica sua história, mas também a constrói, reconstrói, desconstrói, funda, tece, é tecido por ela; bem como a retoma, resgata, revisa. Mas, se não é possível delimitar com exatidão que passos geram os efeitos ao longo de uma análise, sabe-se que a tentativa de bordear esse impossível, que é transformar o real em algo que pode ser dito, dar testemunho do vivido, traz em si seus efeitos, os efeitos de *tomar a palavra*, como coloca Rickes (2002, p. 178):

> [...] um testemunho não diz respeito somente ao que se constitui como produto de uma narração, seja ela oral ou escrita, mas também aos efeitos produzidos sobre o sujeito que toma a palavra. Esses efeitos se conjugam, no sentido de produzir um lugar psíquico distinto, diferente daquele constituído antes do testemunho. É esse lugar o sítio que sustenta as possibilidades de significação de uma experiência, assim como de acolhimento para aquilo que o paciente endereça a seu analista.

Mas é fato que também a própria análise precisa passar pelo corpo do sujeito que a ela se aventura, ou ele corre o risco de ir a todas as sessões, falar e nada acontecer. A análise pode ser um meio efetivo de legitimar a experiência sob a condição de se dar ela mesma como uma experiência, uma vez que o fato de o par analítico se fazer religiosamente presente aos encontros, que se fale, que se escute, que se interprete, que se faça uso do divã, nada disso é garantia de que se produzirá um efeito.

Como aponta Gagnebin (2004), a palavra alemã *Erfahrung* (experiência) vem do prefixo *fahr*, que quer dizer percorrer, atravessar uma região durante uma viagem.[77] É o viajante que vem de longe

---

[77] Impossível não pensar no termo escolhido por Lacan para designar o que acontece no percurso da análise, quando fala em *travessia* do fantasma.

que tem para Benjamin uma experiência para transmitir. Os moribundos também teriam essa autoridade do viajante, pois, no limiar da morte, se aproximam desse desconhecido, desse outro mundo, e são aureolados "por uma suprema autoridade que a última viagem lhes confere" (GAGNEBIN, 2004, p. 58).

O verbo *Fahren*, em alemão equivale no português a "viajar". Ainda no espírito das metáforas que nos ajudam a pensar o que se passa no percurso de uma análise, talvez seja frutífero pensarmos o que ela tem em comum com uma viagem. Para fazê-lo, tomemos emprestadas as palavras de nosso bravo viajante brasileiro, Amyr Klink (1992, p. 211), já no caminho de volta de sua jornada solitária à Antártica:

> Um bem-estar profundo e sereno tomou conta da vida a bordo. O que antes me assustava ou preocupava agora fazia pensar. Pelas janelas de onde via apenas neblina e as velas cheias, fiz passar todas as imagens que desejei ver. E as toquei. Não há mais verdadeira e pura forma de sentir lugares do que tocá-los com a quilha de um barco. Ou com os dedos. A mais simples e universal maneira de expressar carinho. O toque.
> [...]
> Trazia o Paratii na ponta dos dedos e o sentia de maneira diferente também. No início, barulhos, choques, rangidos, o zunido do vento ou uma vela batendo causavam preocupação, nervosismo. Errando e aprendendo, batendo em gelo, ondas e pedras, fui descobrindo a origem dos sons e os limites da minha máquina vermelha. Se uma onda me pegasse de surpresa no convés, mesmo nos trópicos, antes eu gritaria e protestaria contra os elementos. Agora, com frio ou neve, se fosse surpreendido e ensopado, apenas tirava o cabelo pingando dos olhos com as costas das mãos e continuava assobiando. Talvez um certo embrutecimento, uma indiferença à dor e ao desconforto que o mar incute, como dizem pescadores do mar do Norte.
> [...]
> Não sei, talvez seja mais do que isso. Uma sensibilidade maior ao que de fato importa.

Se, depois de atravessar o oceano Atlântico de ponta a ponta, percebe-se diferente, é o encontro com o mesmo, a chegada ao lugar de partida – trazendo na bagagem pedrinhas recolhidas do Norte e do

Sul, provas cabais da concretude de seu ato – que dá para ele a dimensão do vivido, da experiência que faz marca em seu corpo, que aponta para ele que se não tivesse saído dali não haveria o retorno e que não se retorna igual ao ponto de partida.

> De volta, exatamente ao mesmo pedaço de areia que deixei vinte e dois meses e vinte e sete mil milhas atrás, como se tivesse apenas ido buscar gelo na cidade. Como se o tempo não tivesse passado e, entre o gelo dos polos e Jurumirim, não houvesse distância.
> [...]
> Vinte e dois meses para alcançar a mesma areia da partida. Poderia nesse tempo ter vivido aqui entre as montanhas e o mar de Paraty, como já vivi antes. Ou ter feito, quem sabe, uma grande viagem à sombra dos coqueiros, sem ter de percorrer vinte e sete mil milhas ou tocar os gelos do Sul e do Norte.
> [...]
> De nada serviria. Não teria chegado a lugar nenhum. Não teria voltado. E não teria nunca descoberto que o mais alto dos sonhos é feito de um punhado de pedrinhas numa sacola azul.
> (KLINK, 1992, p. 220)

Para que a viagem, se no final das contas o que nos espera é a mesma areia branca que deixamos no dia da partida? É o deslocamento do ponto em que se encontrava que permite ver o mesmo com outros olhos. O que muda não é a cena, mas a posição do sujeito em relação a ela, tornando possível ver o mesmo de um outro ângulo e, assim, vislumbrar possibilidades antes impossíveis de enxergar. E não é essa a essência do que chamamos ao longo deste livro de *ressignificção*?

Da viagem da análise não voltamos os mesmos, ela nos marca como experiência, transformando-nos. Uma viagem convoca o viajante – que volta ao lugar de origem – a olhar o que antes era familiar com estranhamento. Aquele que conheceu outros lugares já não pode mais ver o mesmo do mesmo jeito, coloca-se como estrangeiro diante da própria pátria. O analisando, por sua vez, é levado pela experiência da análise a um encontro com o estrangeiro que o habita, por vezes tão familiar, por vezes tão estranho, por vezes tão repetitivo e por vezes tão cheio de novas possibilidades.

Embora nenhuma análise possa assegurar ou prometer nada para um sujeito, embora seus efeitos não possam ser antecipados ou garantidos, a aposta é sempre de que algum movimento se dê, de que dessa viagem tão peculiar, um sujeito possa trazer na bagagem uma experiência, algo que lhe faça marca. O percurso feito, a travessia de seu fantasma, o deixar cair de certas idealizações, dos significantes mestres que o determinam, seu reposicionamento diante do Outro, seu encontro com sua castração e com a castração do Outro, o efeito de testemunhar sua vida a um outro/Outro, conferem ao sujeito a possibilidade de ocupar novas posições subjetivas. Dão a possibilidade de reposicionar-se diante de suas heranças, de lidar de outra maneira com seus limites.

Nesse caminho que traça ao longo da análise, o sujeito precisa deparar-se com vazios, com silêncios, com pontos que a palavra não pode alcançar, com elementos que não cabem em nenhuma narrativa, que resistem à apreensão. E sua narrativa sobre si mesmo trará justamente a marca dessa impossibilidade, de que sua história não pode ser contada toda, que haverá sempre algo que lhe escapa. Um sujeito não termina uma análise mais conhecedor de si mesmo, mais autônomo e pleno. Pelo contrário, o final da análise é o momento em que o sujeito pode assumir que nada mais é do que uma falta, um buraco. Como coloca Leguil (1993), não se trata, em uma análise, de poder conhecer-se melhor, mas de saber que jamais se conhecerá por completo.

Para terminar, fiquemos com as sábias palavras do poeta Fernando Pessoa, que resume como ninguém o percurso que, por hora, encerramos aqui:

> Viajar? Para viajar basta existir. Vou de dia para dia, como de estação para estação, no comboio do meu corpo, ou do meu destino, debruçado sobre as ruas e as praças, sobre os gestos e os rostos, sempre iguais e sempre diferentes como afinal as paisagens são.
> [...]
> Qualquer estrada, esta mesma estrada de Entepfuhl, te levará até o fim do mundo. Mas o fim do mundo, desde que o mundo se consumou dando-lhe a volta, é o mesmo Entepfuhl de onde se partiu. Na realidade, o fim do mundo, como o princípio, é o nosso conceito de mundo.

É em nós que as paisagens têm paisagem. Por isso, se as imagino, as crio, se as crio, são; se são, vejo-as como às outras.
[...]
A vida é o que fazemos dela. As viagens são os viajantes. O que vemos, não é o que vemos, senão o que somos.

(PESSOA, F. *Livro do desassossego*, 1984, p. 387)

CONSIDERAÇÕES FINAIS

Embora a análise seja uma aventura sem roteiros fixos, prescrições ou garantias, há tanto do lado do analista quanto do lado do analisando uma aposta de que algo possa se modificar para o sujeito que a ela se lança. O delicado trabalho de uma análise e o que dele resulta não é algo que se possa medir, precisar, delimitar ou prever. Mesmo assim, ele produz efeitos. Ao longo desse escrito discutimos o papel dos processos de ressignificação da história de vida no percurso da análise, em especial quanto às especificidades da temporalidade envolvida em tais movimentos e às idiossincrasias de uma narrativa construída em transferência.

A temporalidade pensada a partir da noção de *Nachträglichkeit* contradiz uma concepção de tempo linear, cronológica ou unidirecional. Ela põe em questão o entendimento do tempo proposto pela racionalidade clássica, que busca uma presença plena, um perfeito agora, em que as coisas possam ser apreendidas em sua verdade mais estável, em sua essência, como "realmente são", independentemente da passagem do tempo.

Ao pensar sobre o ato analítico e a temporalidade do *Nachträglichkeit*, ressaltamos como ela também atinge o analista, cujo trabalho de escuta está sempre acompanhado por uma dimensão de não saber, uma vez que não pode antecipar os efeitos de seu ato, aos quais só tem acesso em um momento *a posteriori*. Assim, seu lugar de analista não está garantido de uma vez por todas, mas precisa ser refundado a cada novo ato, em um constante movimento de autorização.

O sujeito em questão para a psicanálise, o sujeito moderno, é afetado de modo muito particular pela passagem do tempo, transformado por ela, e disso tenta dar conta produzindo narrativas sobre si mesmo que jamais podem apreendê-lo em sua totalidade.

Ao refletir sobre que tipo de narrativa seria essa construída na análise, lançamos uma crítica ao "*approach* narrativo", que ao buscar uma analogia possível entre o processo de análise e a construção de uma narrativa, entende a análise como um espaço no qual uma história mais coerente – sem furos ou incongruências – seria "escrita". Esse estudo aponta em uma direção oposta, a de que a análise possibilitaria ao neurótico uma desconstrução do "romance", do enredo coerente que tenta incansavelmente montar para tentar dar conta dos enigmas que lhe fundam.

Vimos também que pensar na história de vida como sempre passível de ser ressignificada não é o mesmo que falar em pura criação – invenção de uma nova vida –, uma vez que um sujeito está constantemente remetido a certas determinações que lhe antecedem e precisa, ao longo da vida, posicionar-se diante desse legado, desse *pacote* que recebeu ao nascer.

Desse modo, temos de um lado um analista cujo saber é apenas suposto, ou seja, um analista que não tem um conhecimento prévio sobre o inconsciente daquele que lhe pede análise. De outro lado, temos um analisando que não sabe o que diz, que é justamente convocado a falar sobre o que não sabe. Assim, tanto o analista quanto o analisando estão alienados em relação ao desejo daquele que se apresenta à análise e descobrem juntos, ao longo do processo, algo sobre as determinações inconscientes que estão em jogo para aquele sujeito singular, algo sobre sua posição frente ao Outro.

Privilegiar a enunciação em relação ao enunciado, o significante em relação ao significado, a pontuação em relação às interpretações explicativas, seria uma forma de tentar evitar os riscos de compreender demais, perigo ao qual Lacan não cansou de fazer advertências em seu ensino. Dessa maneira, ele denunciava uma clínica que enfatiza o eixo imaginário, cujas intervenções não fazem mais que injetar sentido, alimentando a tendência neurótica ao excesso de sentido, em vez de proporcionar ruptura.

Embora o termo "ressignificação" remeta à possibilidade de aceder a novos sentidos, ao longo desse escrito marcamos a importância da escuta da polifonia do significante, evitando intervenções que tendam ao fechamento em sentidos imaginários, ou que se coloquem como a verdade sobre aquele sujeito. Contudo, concluímos que a escuta do significante não precisa implicar uma desconsideração da importância dos enredos, dos mitos e das histórias que dão consistência imaginária a um sujeito. Bem pelo contrário, até mesmo para que se possa escutar o significante, tais histórias precisam ser levadas em conta pelo analista, como parte indispensável da estruturação de um sujeito. Que o trabalho de escuta analítica objetive o acesso ao simbólico – o que inclui uma desconstrução das crenças imaginárias de um sujeito – não significa poder descartar o imaginário como menos importante. Lembramos que real, simbólico e imaginário são elos indissociáveis de sustentação de um sujeito.

Contudo, submetido que está às leis da linguagem, há sempre um resto que um sujeito não pode dizer, que não cabe em palavras porque não chega à ordem simbólica, permanecendo como real. Dessa maneira, embora se afirme que o próprio movimento de ressignificação – que lida com um material que já estava no campo da representação – possa contribuir para que novos elementos do real venham a ser representados, há sempre algo que jamais entrará para o campo do sentido. Assim sendo, apesar da importância atribuída aos processos de ressignificação para os efeitos gerados por uma análise, há também que se reconhecer seus limites. Eles estão colocados tanto na ideia de que há sentidos que jamais são refeitos, quanto no fato de que restará sempre algo do real que nunca terá acesso ao simbólico. Isso significa que, ao falar sobre a construção/desconstrução da história de vida em análise, há que se considerar que o que se coloca como resto, como impossível de ser dito, como o real que insiste em não se inscrever, faz-se presente na história do sujeito tanto quanto as ressignificações que ele pode fazer ao longo do percurso de análise.

Como já afirmado, não é uma narrativa mais coerente que a análise produz, pelo contrário. O percurso percorrido acarretaria na construção de uma narrativa que se desprende da pretensão neurótica de tudo dizer, de tudo explicar. Entre outros movimentos, a simbolização da castração ao longo do trabalho analítico permitiria ao sujeito "criar uma ficção mais imprecisa, cheia de elipses, que suporte os enigmas em vez de tentar esclarecê-los todos" (KEHL, 2001a, p. 89). Dito de outro modo, a análise não produz um sujeito que se conhece melhor, mas alguém que sabe que jamais se conhecerá por completo (LEGUIL, 1993). Assim, se a análise propicia uma experiência do inconsciente e se, segundo Lacan (1973), o inconsciente se define como um saber que não se sabe, podemos dizer que, ao passar por essa experiência, um sujeito pode vir a se contar, a se narrar, levando em consideração a dimensão do que lhe escapa, do que não cabe em palavras, da sua incompletude, sua condição faltante.

Para além dos processos de ressignificação, outras coisas acontecem ao longo da experiência analítica. Um reposicionamento do sujeito frente às suas determinações, a travessia do fantasma, um encontro com a sua castração e com a castração do Outro, a constatação de que ali onde supunha uma demanda, há só um lugar vazio.[78] Os inúmeros movimentos deflagrados pela análise tornam impossível a tarefa de dizer exatamente o que gera qual efeito.

De fato, os processos de ressignificação não são privilégio da análise, mas acontecem cotidianamente com pessoas que nunca se submeteram a ela. Não é incomum que a fala de um amigo, uma

---

78 "A depressão dos finais de análise é tributária do atravessamento do fantasma. É quando o lugar do analista na transferência, de um Outro supostamente demandante a quem o sujeito pretende servir, finalmente se revela vazio e o sujeito cai de sua posição fantasmática. Essa queda parece um agravamento do desamparo, mas não é: ao deparar-se com o fato de que o Outro é um lugar simbólico, vazio de significações, vazio de amor e de demandas de amor, o sujeito está em melhor condição de sustentar sua posição a partir do desejo. Condição bem menos confortável do que a daquele que se imagina entregue às boas mãos de Deus, ou ao amor do Outro. Menos confortável e mais livre. Mais aberta à invenção, ao risco, à escolha". (KEHL, 2010, p. 212)

experiência de perda ou mudanças em geral vivenciadas ao longo da vida - como o casamento, a chegada de um filho, uma separação, uma doença grave, a morte - gerem momentos de crise que obrigam o sujeito envolvido a algum tipo de deslocamento do lugar subjetivo antes ocupado por ele. Ou seja, também não é possível saber exatamente o que é efeito da análise e o que é desencadeado pela passagem do tempo, pelos acontecimentos da própria vida, com suas injunções, surpresas e impasses que exigem do sujeito um trabalho de luto, de elaboração, de ressignificação. Como coloca Freud (1930), o "trabalho psíquico" realizado em uma análise é, na verdade, análogo ao trabalho espontâneo feito cotidianamente pelo aparelho psíquico. Assim, concluímos que a análise seria um espaço no qual esse trabalho espontâneo do aparelho psíquico é intensificado.

O percurso teórico-clínico aqui traçado permite afirmar que a análise cria um espaço privilegiado para que processos de ressignificação se deem. Ao falar de si dentro de uma relação transferencial, ao aceitar o desafio de submeter-se à regra da associação livre, o analisando terá que se haver com sua própria história, encontrar-se com o que lhe determina, posicionar-se diante de um legado, abrir o "pacote" que lhe cabe e fazer algo com ele. Ao contar-se/recontar-se, no ir e vir de uma temporalidade multidirecional, ao construir/desconstruir sua história, ele invariavelmente a ressignifica. As ressignificações, junto aos outros movimentos deflagrados pela análise, permitem ao sujeito ocupar outras posições subjetivas, ou seja, promovem mudanças estruturais que vão bem além da simples remoção dos sintomas.

Desprovido que está das redes sociais que o sustentavam nas sociedades tradicionais e que lhe indicavam um caminho referente a como deveria levar sua vida, o sujeito moderno defronta-se com o imperativo de construir sozinho um sentido para a própria vida. Para ele, está cada vez mais difícil poder compartilhar sua experiência, que se apresenta sempre como única e individual. Se, por um lado, a análise constitui-se como um espaço no qual o analisando pode dar testemunho dessa experiência radical de isolamento que a condição de homem moderno lhe impõe, se ela se coloca justamente como uma escuta respeitosa do que ali se apresenta como singular, dando voz e lugar para tudo o que naquele sujeito poderia ficar como experiência marginal e não reconhecida; ao mesmo tempo, ela convoca o analisando a se desprender de suas ilusões de autonomia. Isto é, ela remete o sujeito a sua condição de efeito da linguagem, da cultura, da matriz simbólica que o antecede, ou ainda, ao fato de que ele não é o único autor de sua história. Que um sujeito possa reconhecer uma dívida em relação a sua filiação traz efeitos para a história que tece sobre si mesmo, uma vez que pode incluir aí o reconhecimento de que ele é, ao mesmo tempo, tecido por ela. Assim, o processo de construção da própria história é simultâneo a um processo de desconstrução.

Dizer o que não pode ser dito, dizer o que não sabe, é o desafio cotidiano ao qual um analisando se lança. A análise é uma aposta de que algo do real possa ser trazido para o simbólico, ou, que algo que é da ordem de uma experiência possa ser transposto para a palavra, possa ser transmitido. Contudo, essa legitimação da experiência só poderá ocorrer sob a condição de que a própria análise tome valor de experiência para o sujeito, ou seja, que ela passe pelo seu corpo, que ela produza nele um registro, sob o risco de que tenhamos ali a instalação de um *setting*, que o par analítico compareça às sessões, sem que nada se passe. É preciso que haja um movimento, um exercício, uma atividade, um certo percorrer.

Como já citado, a palavra alemã *Erfahrung* (experiência) vem do prefixo *fahr* que quer dizer "atravessar uma região durante uma viagem" (GAGNEBIN, 2004). A análise é, então, tomada como uma viagem, na qual um caminho é percorrido e da qual um sujeito não sai igual. Depois dessa experiência, ele está fadado a ver o mesmo com outros olhos – conforme discorremos no capítulo anterior –, no cerne do que podemos entender por ressignificação.

A ressignificação da história de vida, de acordo com o percurso traçado ao longo deste livro, poderia ser resumidamente compreendida como um movimento constante de busca de novos sentidos para a vida ou aspectos dela. Esse movimento aconteceria como efeito de uma temporalidade multidirecional e como consequência de uma demanda da Modernidade que exige do sujeito a ininterrupta construção de uma narrativa original e criativa da própria vida. Esses processos de ressignificação envolvem um constante trabalho psíquico, que pode acontecer espontaneamente, mas que é intensificado no espaço analítico, e que promove mudança no lugar subjetivo ocupado por um sujeito. Tais processos são parte importante dos efeitos gerados por uma análise, desde que possam ser registrados como experiência pelo sujeito que a ela se submete.

Quanto ao percurso realizado aqui e que agora chega ao seu fim, ele também coloca-se como uma experiência da qual não saímos os mesmos, ou como um testemunho, uma tentativa de compartilhar algo da experiência que é a clínica psicanalítica. Tal como o sujeito da análise, um psicanalista está na constante busca de encontrar o que é seu, seu próprio estilo de trabalhar, sua própria concepção do que seria a psicanálise e faz isso referido a uma herança que recebeu e recebe em seu infinito percurso de formação, referido também à comunidade analítica a qual pertence . Escrever sobre a clínica é dar lugar para se pensar a própria prática, quais autores nos influenciam, com que estilos de trabalho nos identificamos e, mais ainda, como nos colocamos singularmente diante desse legado prático e teórico, como somos atravessados pelas leituras, pelos debates dos quais participamos, pelas experiências que temos como analistas, analisandos, supervisores, supervisionandos, ou simplesmente como viventes. A escrita sobre a clínica se coloca como um momento *a posteriori* no qual um analista pode pensar sobre seus atos, refletir sobre sua prática cotidiana, e, é claro, constantemente, também, ressignificá-la.

REFERÊNCIAS

AGOSTINHO (397-398). *Confissões*. São Paulo: Paulus, 1984.

BATAILLE, L. *O umbigo do sonho*: por uma prática da psicanálise. Rio de Janeiro: Jorge Zahar, 1994.

BECK, U. *Risk society*: towards a new modernity. London: SAGE Publications, 1992.

BENJAMIN, W. (1936). O narrador: considerações sobre a obra de Nikolai Leskov. *In*: BENJAMIN, W. *Obras escolhidas*: magia e técnica, arte e política. São Paulo: Brasiliense, 1996.

_____. Experiência e pobreza. *In*: BENJAMIN, W. *Obras escolhidas*: magia e técnica, arte e política. São Paulo: Brasiliense, 1996.

BOTELLA, C & S. *La figurabilidad psiquica*. Buenos Aires. Amorrortu, 2003.

BROOKS, P. The idea of a psychoanalytic literary criticism. *In*: RIMMON-KENAN, S. *et al. Discourses in psychoanalysis and literature*. London: Methuen, 1987.

_____. *Psychoanalysis and storytelling*. Oxford UK & Cambridge, USA: Blackwell, 1997.

CALLIGARIS, C. O inconsciente em Lacàn. *In*: AUFRANC, A. L. et al. *O Inconsciente*: várias leituras. São Paulo: Escuta, 1991.

CHEMAMA, R. (Org.) *Dicionário de psicanálise Larrousse*. Porto Alegre: Artes Médicas, 1995.

CONY, C. H. *Quase memória – quase romance*. São Paulo: Companhia das Letras, 1997.

CORSO, D. L. & CORSO, M. *Fadas no divã: psicanálise nas histórias infantis*. Porto Alegre: Artmed, 2006.

COSTA, A. *A ficção do si mesmo: interpretação e ato em psicanálise*. Rio de Janeiro: Companhia de Freud, 1998.

_____. *Corpo e escrita: relações entre memória e transmissão da experiência*. Rio de Janeiro: Relume Dumará, 2001.

_____. *Clinicando: escritas da clínica psicanalítica*. Porto Alegre: APPOA, 2008.

DIAS, M. M. *Os ódios: clínica e política do psicanalista*. São Paulo: Iluminuras, 2012.

DOR, J. *Introdução à leitura de Lacan: o inconsciente estruturado como linguagem*. Porto Alegre: Artes Médicas, 1990.

FELMAN, S. To open up the question. *In*: FELMAN, S. (Ed.) *Literature and psychoanalysis: the question of reading: otherwise*. Baltimore: John Hopkins, 1982.

_____. Educação e crise ou as vicissitudes do ensinar. *In*: NESTROVSKI, A. & SELIGMANN-SILVA, M. (Org.) *Catástrofe e representação*. São Paulo: Escuta, 2000.

FIGUEIREDO, L. C. (1998) "Temporalidad e narratividad en los processos de sujectivación de la clínica psicoanalítica". *In*: ROVALETTI, M. R. (Ed.) *Temporalidad: el problema del tiempo en el pensamiento actual*. Buenos Aires: Lugar Editorial. 1998, p. 271-282.

_____. O tempo na pesquisa dos processos de singularização. *In: Psicologia clínica: linguagem e subjetividade*. Rio de Janeiro, n. 2, 2002, v. 14, p. 15-33.

FINK, B. *O sujeito lacaniano: entre a linguagem e o gozo*. Rio de Janeiro: Jorge Zahar Editor, 1998.

FREEMAN, M. *Rewriting the self: history, memory, narrative*. London: Routledge, 1993.

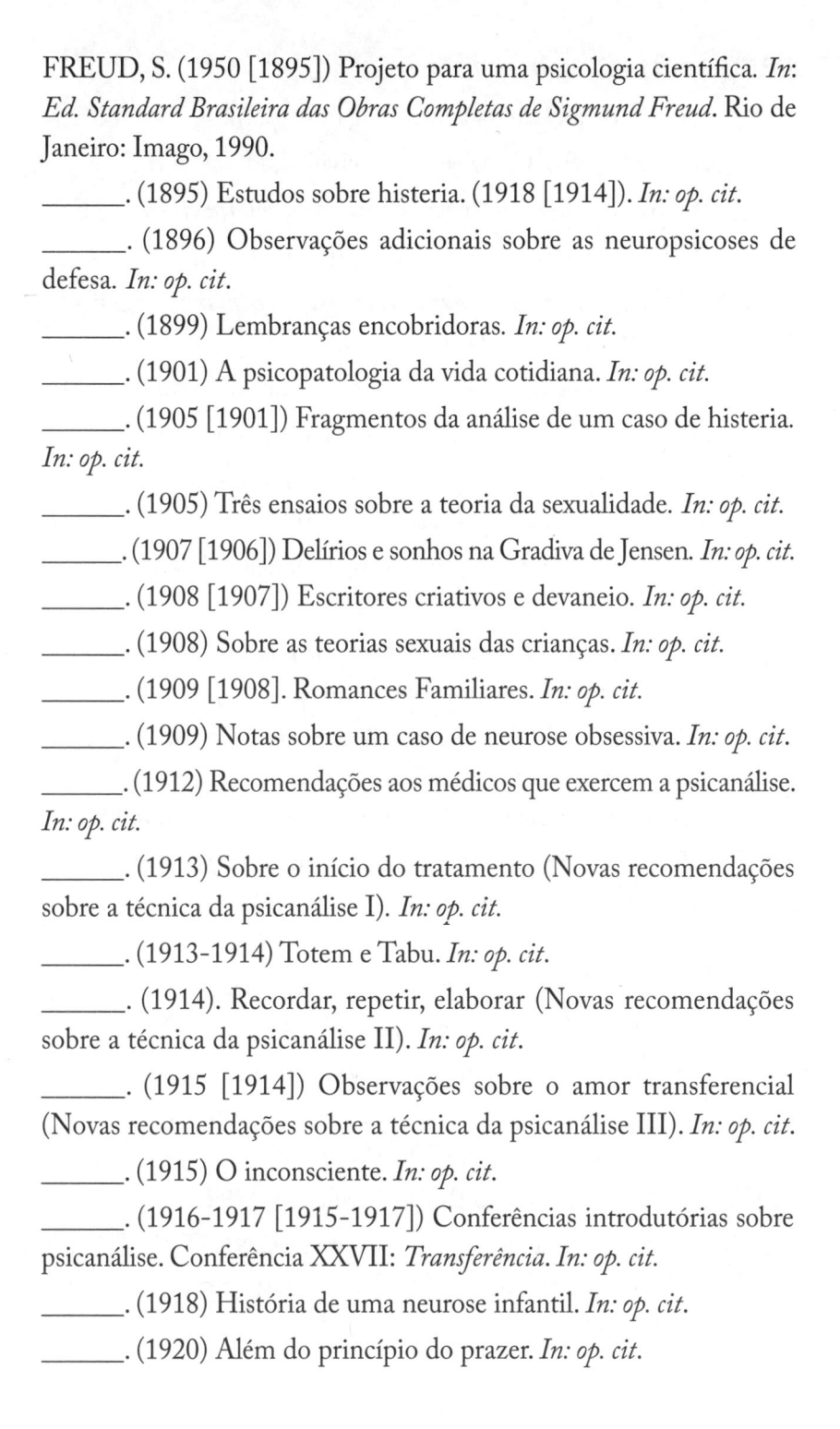

FREUD, S. (1950 [1895]) Projeto para uma psicologia científica. *In:* Ed. *Standard Brasileira das Obras Completas de Sigmund Freud.* Rio de Janeiro: Imago, 1990.

_____. (1895) Estudos sobre histeria. (1918 [1914]). *In: op. cit.*

_____. (1896) Observações adicionais sobre as neuropsicoses de defesa. *In: op. cit.*

_____. (1899) Lembranças encobridoras. *In: op. cit.*

_____. (1901) A psicopatologia da vida cotidiana. *In: op. cit.*

_____. (1905 [1901]) Fragmentos da análise de um caso de histeria. *In: op. cit.*

_____. (1905) Três ensaios sobre a teoria da sexualidade. *In: op. cit.*

_____. (1907 [1906]) Delírios e sonhos na Gradiva de Jensen. *In: op. cit.*

_____. (1908 [1907]) Escritores criativos e devaneio. *In: op. cit.*

_____. (1908) Sobre as teorias sexuais das crianças. *In: op. cit.*

_____. (1909 [1908]. Romances Familiares. *In: op. cit.*

_____. (1909) Notas sobre um caso de neurose obsessiva. *In: op. cit.*

_____. (1912) Recomendações aos médicos que exercem a psicanálise. *In: op. cit.*

_____. (1913) Sobre o início do tratamento (Novas recomendações sobre a técnica da psicanálise I). *In: op. cit.*

_____. (1913-1914) Totem e Tabu. *In: op. cit.*

_____. (1914). Recordar, repetir, elaborar (Novas recomendações sobre a técnica da psicanálise II). *In: op. cit.*

_____. (1915 [1914]) Observações sobre o amor transferencial (Novas recomendações sobre a técnica da psicanálise III). *In: op. cit.*

_____. (1915) O inconsciente. *In: op. cit.*

_____. (1916-1917 [1915-1917]) Conferências introdutórias sobre psicanálise. Conferência XXVII: *Transferência. In: op. cit.*

_____. (1918) História de uma neurose infantil. *In: op. cit.*

_____. (1920) Além do princípio do prazer. *In: op. cit.*

FREUD, S. (1923) Ego e o id. *In: op. cit.*

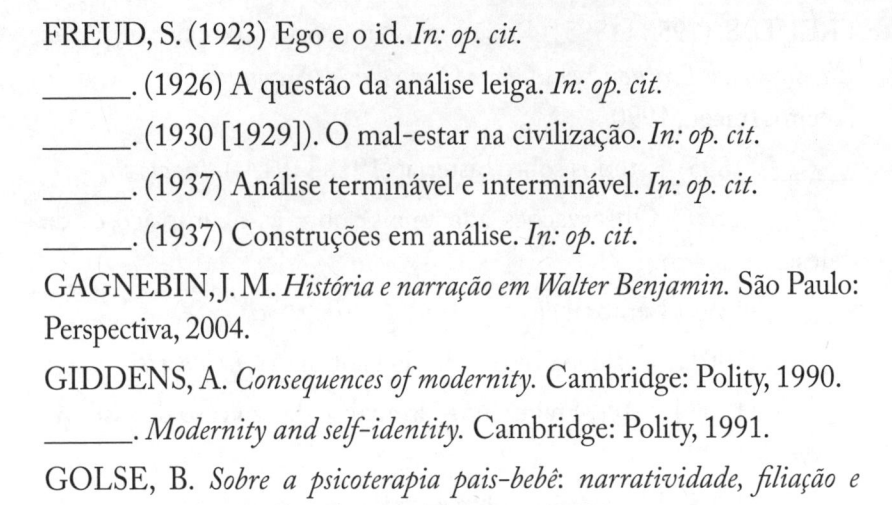

_____. (1926) A questão da análise leiga. *In: op. cit.*

_____. (1930 [1929]). O mal-estar na civilização. *In: op. cit.*

_____. (1937) Análise terminável e interminável. *In: op. cit.*

_____. (1937) Construções em análise. *In: op. cit.*

GAGNEBIN, J. M. *História e narração em Walter Benjamin.* São Paulo: Perspectiva, 2004.

GIDDENS, A. *Consequences of modernity.* Cambridge: Polity, 1990.

_____. *Modernity and self-identity.* Cambridge: Polity, 1991.

GOLSE, B. *Sobre a psicoterapia pais-bebê: narratividade, filiação e transmissão.* São Paulo: Casa do Psicólogo, 2003.

GONDAR, J. *Os tempos de Freud.* Rio de Janeiro: Revinter, 1996. (Coleção Freudiana)

GREEN, A. *Time in psychoanalysis: some contradictory aspects.* London and New York: Free Association Books, 2002.

GUELLER, A. S. *Sobre a (a)temporalidade: os paradoxos do tempo no pensamento freudiano e sua incidência nos processos de constituição psíquica.* São Paulo: Pontifícia Universidade Católica de São Paulo (tese de doutorado), 2001.

GUSDORF, G. (1956) Conditions and limits of autobiography. *In*: OLNEY, J. (editor). *Autobiography: essays theoretical and critical.* New Jersey: Princeton, 1980.

HANLY, M. F. *"Narrative", now and then: a critical realist approach.* International Journal of Psychoanalysis, 77, 1996, p. 445.

JOHN, D. *When our fictions are our truth: construction and reconstruction of life history in analysis and autobiography.* Tavistock Clinic, Londres. Dissertação de mestrado, 2000 (inédito).

KAFKA, F. *Carta ao pai.* São Paulo: Brasiliense, 1992.

KEHL, M. R. O sexo, a morte, a mãe e o mal. *In*: NESTROVSKI, A. & SELIGMANN-SILVA, M. (Org.) *Catástrofe e representação.* São Paulo: Escuta, 2000.

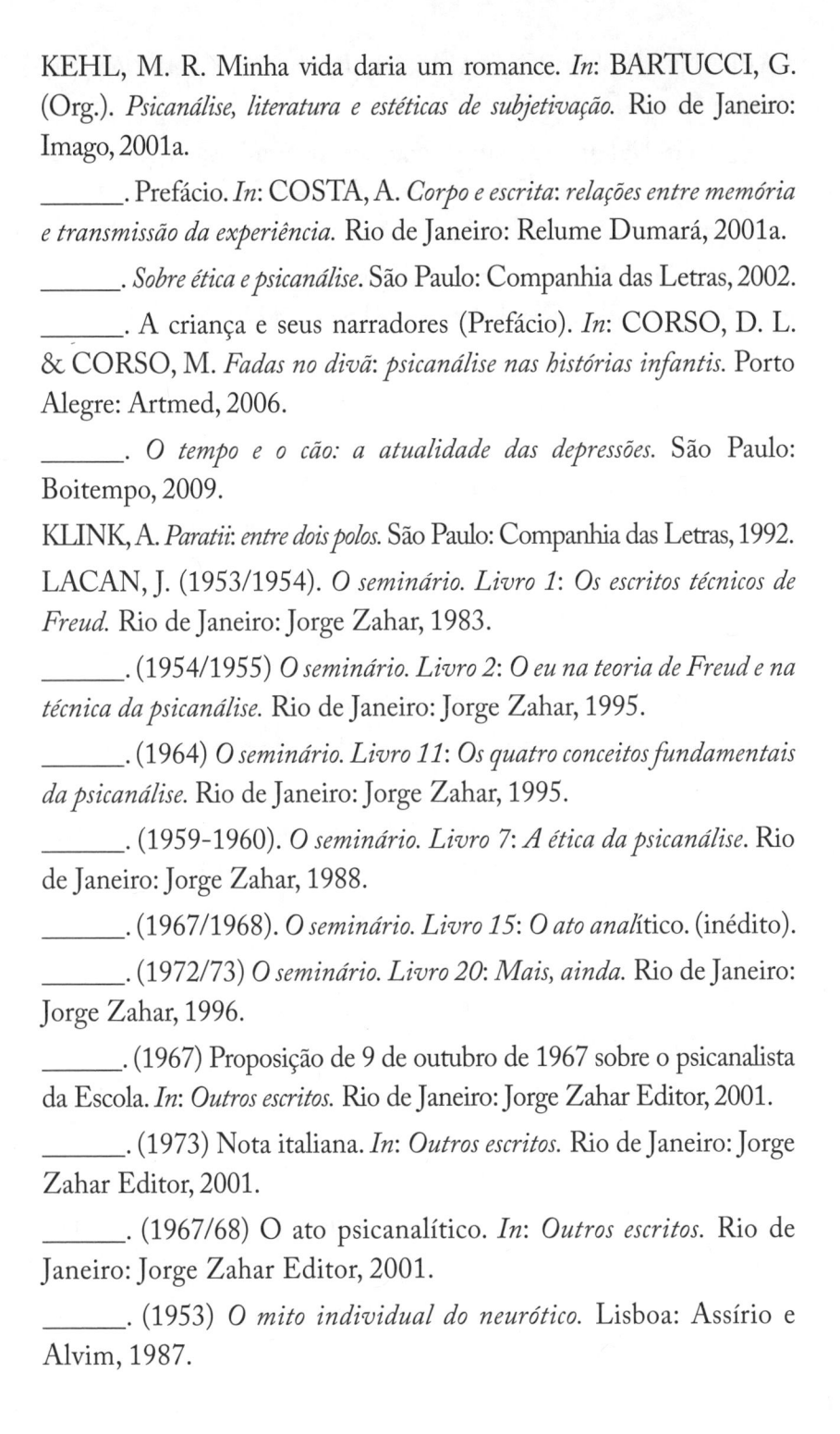

KEHL, M. R. Minha vida daria um romance. *In*: BARTUCCI, G. (Org.). *Psicanálise, literatura e estéticas de subjetivação*. Rio de Janeiro: Imago, 2001a.

_____. Prefácio. *In*: COSTA, A. *Corpo e escrita: relações entre memória e transmissão da experiência*. Rio de Janeiro: Relume Dumará, 2001a.

_____. *Sobre ética e psicanálise*. São Paulo: Companhia das Letras, 2002.

_____. A criança e seus narradores (Prefácio). *In*: CORSO, D. L. & CORSO, M. *Fadas no divã: psicanálise nas histórias infantis*. Porto Alegre: Artmed, 2006.

_____. *O tempo e o cão: a atualidade das depressões*. São Paulo: Boitempo, 2009.

KLINK, A. *Paratii: entre dois polos*. São Paulo: Companhia das Letras, 1992.

LACAN, J. (1953/1954). *O seminário. Livro 1*: Os escritos técnicos de Freud. Rio de Janeiro: Jorge Zahar, 1983.

_____. (1954/1955) *O seminário. Livro 2*: O eu na teoria de Freud e na técnica da psicanálise. Rio de Janeiro: Jorge Zahar, 1995.

_____. (1964) *O seminário. Livro 11*: Os quatro conceitos fundamentais da psicanálise. Rio de Janeiro: Jorge Zahar, 1995.

_____. (1959-1960). *O seminário. Livro 7*: A ética da psicanálise. Rio de Janeiro: Jorge Zahar, 1988.

_____. (1967/1968). *O seminário. Livro 15*: O ato analítico. (inédito).

_____. (1972/73) *O seminário. Livro 20*: Mais, ainda. Rio de Janeiro: Jorge Zahar, 1996.

_____. (1967) Proposição de 9 de outubro de 1967 sobre o psicanalista da Escola. *In*: *Outros escritos*. Rio de Janeiro: Jorge Zahar Editor, 2001.

_____. (1973) Nota italiana. *In*: *Outros escritos*. Rio de Janeiro: Jorge Zahar Editor, 2001.

_____. (1967/68) O ato psicanalítico. *In*: *Outros escritos*. Rio de Janeiro: Jorge Zahar Editor, 2001.

_____. (1953) *O mito individual do neurótico*. Lisboa: Assírio e Alvim, 1987.

LAPLANCHE, J. & PONTALIS, J. B. *Vocabulário de psicanálise*. São Paulo: Martins Fontes, 1992.

_____. (1999a) Interpretation between determinism and hermeneutics: a restatement of the problem. *In*: LAPLANCHE, J. *Essays on otherness*. London: Routledge. Edited by John Fletcher, 1999.

_____. (1999b) Notes on afterwardness. *In*: LAPLANCHE, J. *Essays on otherness*. London: Routledge. Edited by John Fletcher, 1999.

LAURENT, E. Quatro observações sobre a preocupação científica de Lacan. *In*: GIROUD, F. *et al*. (Org.). *Lacan, você conhece?* São Paulo: Cultura Editores Associados, 1993.

LEARY, K. (1989) *Psychoanalytic process and narrative process: a critical consideration of Schafer's "narrative project"*. Int. Rev. Psychoanal, 16, p. 179-190.

LECLAIRE, S. *Psicanalisar*. São Paulo: Perspectiva, 1986.

LEGUIL, F. *A entrada em análise e sua articulação com a saída*. Seminário. Escola Brasileira de Psicanálise: Bahia, 1993.

MORRIES, H. (1993). *Narrative representation, narrative enactment, and the psychoanalytic construction of history*. Int. J. Psycho-Anal., 74, p. 33-54.

MASSON, J. M. *A correspondência completa de Sigmund Freud para Wilhelm Fliess – 1887-1904*. Rio de Janeiro: Imago, 1986.

MAZZARELLA, T. I. *Fazer-se herdeiro: a transmissão psíquica entre gerações*. São Paulo: Escuta, 2006.

NABOKOV, V. *Speak, memory: an autobiography revisited*. London: Penguin Books, 1967.

NASIO, J. D. *Cinco lições sobre a teoria de Jacques Lacan*. Rio de Janeiro: Jorge Zahar, 1994.

_____. *Como trabalha um analista*. Rio de Janeiro: Jorge Zahar, 1990.

OLNEY, J. (1980) Autobiography and the cultural moment: a thematic, historical, and bibliographical introduction. *In*: OLNEY, J. (Ed.). *Autobiography: essays theoretical and critical*. New Jersey: Princeton, 1980.

PEREIRA, L. S. Notas de leitura – o narrador – de W. Benjamin. Por que isso interessa a um psicanalista? *In*: Correio da Associação Psicanalítica de Porto Alegre (APPOA). *Narrativa e experiência*, n. 140 – Ano XII, outubro de 2005.

PEREIRA, R. F. Traços para uma composição ou como dos detalhes se reescreve uma história. *In*: Psicanálise e Literatura. Revista da Associação Psicanalítica de Porto Alegre. – n. 15, Ano VIII. Porto Alegre: Artes e Ofícios, novembro de 1998.

POMMIER, G. *O desenlace de uma análise*. Rio de Janeiro: Jorge Zahar, 1992.

PORGE, E. Tempo. *In*: KAUFMANN, P. *Dicionário enciclopédico de psicanálise: o legado de Freud e Lacan*. Rio de Janeiro: Jorge Zahar, 1993.

_____. *Psicanálise e tempo: o tempo lógico de Lacan*. Rio de Janeiro: Companhia de Freud, 1998.

QUINET, A. *As 4+1 condições da análise*. Rio de Janeiro: Jorge Zahar, 1991.

RIBEIRO, E. M. *Individualismo e verdade em Descartes: o processo de estruturação do sujeito moderno*. Porto Alegre: EDIPUCRS, 1995.

RICKES, S. M. *No operar das fronteiras, a emergência da função autor*. Universidade Federal do Rio Grande do Sul. (tese de doutorado), 2002.

_____. Analistas...escribas. *In*: Correio da Associação Psicanalítica de Porto Alegre (APPOA). "*Inventar-se em análise*", n. 133 – Ano XII, março de 2005.

ROSA, M. D. *Histórias que não se contam: o não dito na psicanálise com crianças e adolescentes*. São Paulo: Casa do Psicólogo, 2009.

ROUDINESCO, E. & PLON, M. *Dicionário de psicanálise*. Rio de Janeiro: Jorge Zahar Editor, 1997.

RUDELIC-FERNANDEZ, D. Psicanálise & relato: narração e transmodalização. *In*: KAUFMANN, P. *Dicionário enciclopédico de psicanálise – o legado de Freud e Lacan*. Rio de Janeiro: Jorge Zahar Editor, 1993.

RUSTIN, M. A biographical turn in social science? *In*: CHAMBERLAYNE, P. et al. *The turn to biographical methods in social science: comparative issues and examples*. London: Routledge, 2000.

SALOMÃO, W. *Algaravias*. Rio de Janeiro: Editora 34, 1996.

SCHAFER, R. *A new language for psychoanalysis*. New Haven, CT: Yale University Press, 1976.

SCHOLES, R. Language, narrative, and antinarrative. *In:* MITCHELL, W. T. J. (Ed.). *On narrative*. Chicago: Univ. Chicago Press, 1981. p. 200-208.

SOUZA, O. Sobre o "autorizar-se" e seu reconhecimento. *In: Revisão: revista da prática freudiana 2. Brasil: o momento de concluir.* Rio de Janeiro: Aoutra, (sem data).

SPENCE, D. *Narrative truth and historical truth: meaning and interpretation in psychoanalysis.* New York: Norton, 1982.

THOMA, H. & CHESHIRE, N. *Freud's Nachtraglichkeit and Strachey's "deferred action": trauma, constructions and the direction of causality.* International Review of Psychoanalysis, 18, 1991, p. 407-27.

WAJNBERG, D. A verdade tem estrutura de ficção. *In:* CESAROTTO, O. (Org.) (1995) *Idéias de Lacan.* São Paulo: Iluminuras, 1994.

WHITE, H. The value of narrativity in the representation of reality. *In:* MITCHELL, W. T. J. (Ed.). *On narrative.* Chicago: Chicago University Press, 1981, p. 200-208.